Der Weg eines Bleistiftes

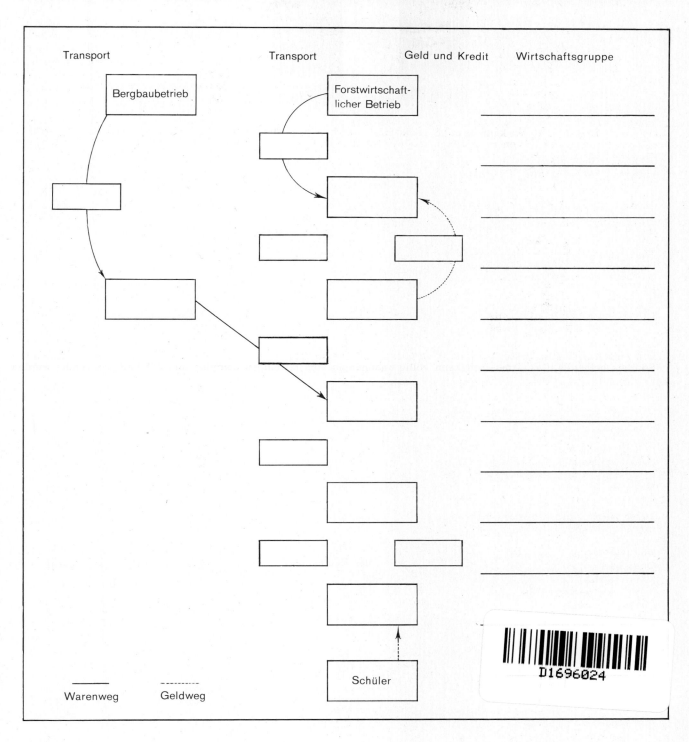

Warenweg ——— Geldweg - - - - -

Aufgabe:

In der oben gezeigten Darstellung soll der Weg eines Bleistiftes eingetragen werden.

Das Urprodukt Kohle wird mit der Bahn an einen verarbeitenden Betrieb übersandt, der Graphit erzeugt und mit LKW an den Hersteller der Bleistifte liefern läßt.

Das Holz wird über einen Aufkaufgroßhändler an das Sägewerk geliefert. In den weiteren Weg sind eingeschaltet der Hersteller der Bleistifte, der Großhandel und der Einzelhandel. Teilweise werden die Waren ohne Einschaltung eines Dienstleistungsbetriebes weitergeleitet. Eingesetzte Dienstleistungsbetriebe sind: Das Schiff für das Urprodukt Holz, der Lastkraftwagengüterverkehr zwischen Aufkaufgroßhändler und Sägewerk, zwischen Hersteller und Großhandel sowie die Bundespost für die Lieferung an den Einzelhandel. Der Einzelhändler zahlt durch Banküberweisung, das Sägewerk durch Postscheck. Alle anderen Zahlungen geschehen direkt oder durch Verrechnung.

Zeichnen Sie die Verbindungslinien rot, wenn Dienstleistungsbetriebe eingeschaltet werden, und schwarz, wenn kein Dienstleistungsbetrieb eingeschaltet war.

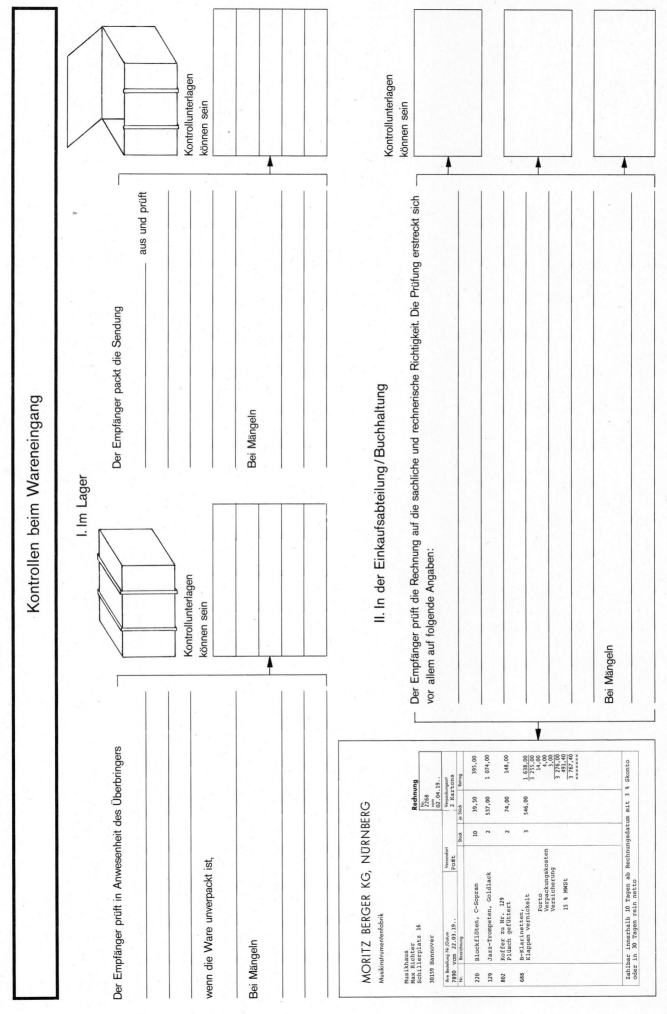

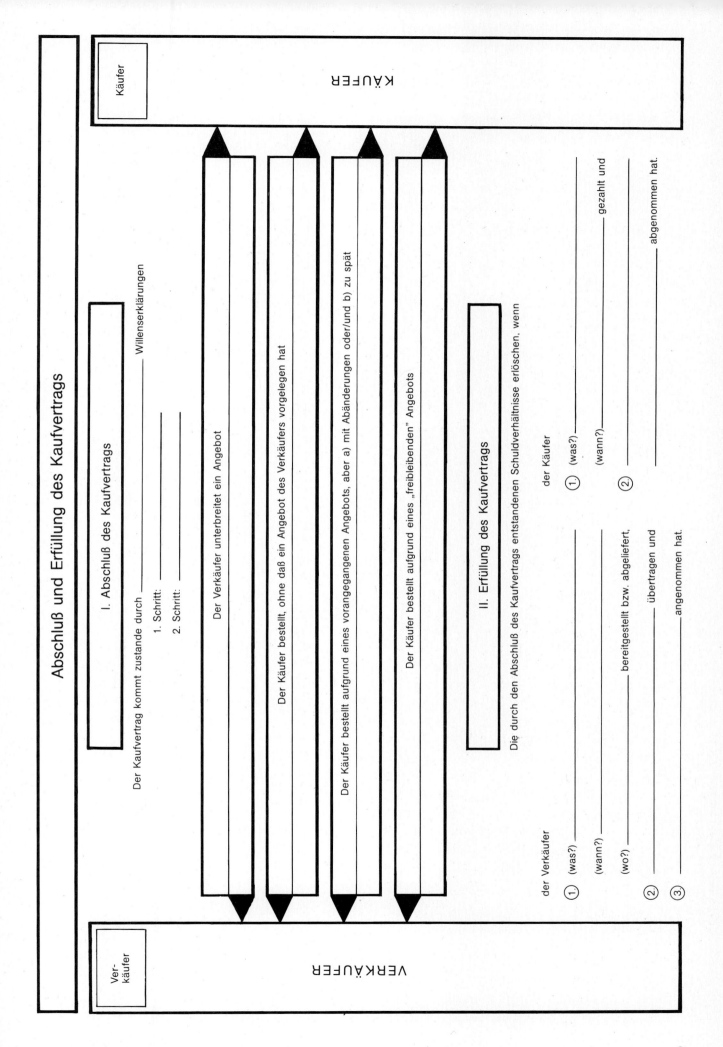

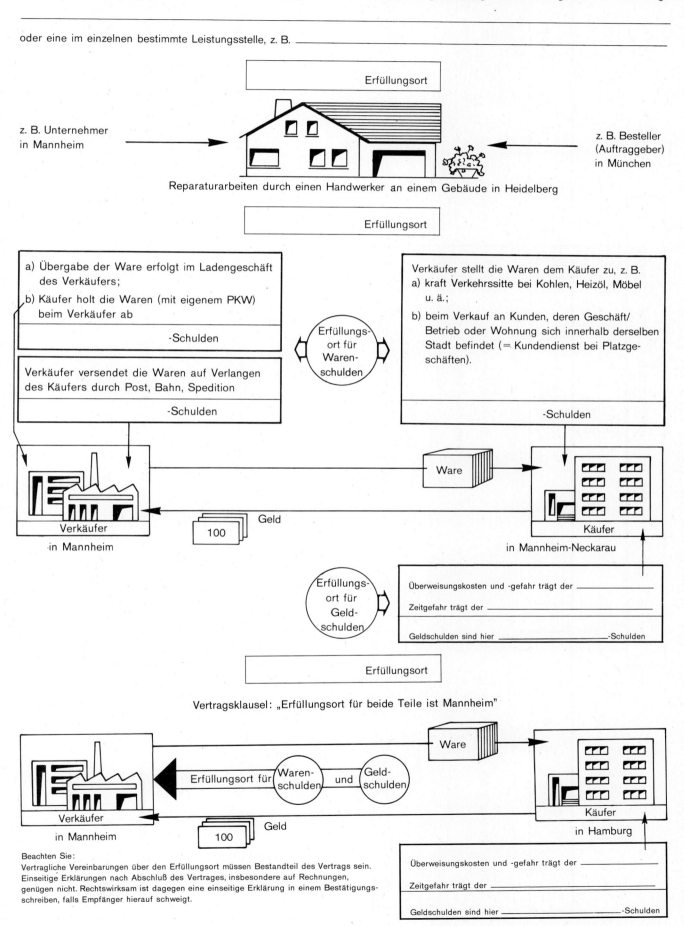

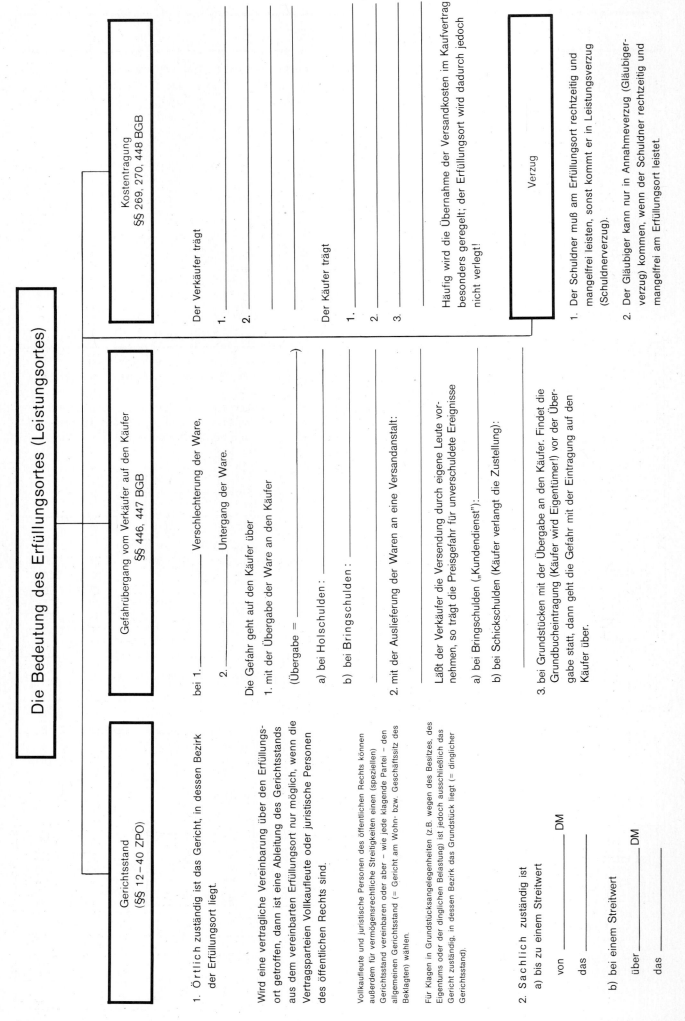

Qualitätsmangel	Gattungsmangel	Quantitäts-mangel
= Mangel in der Güte und der Beschaffenheit (§ 459 BGB)	= Mangel in der Art (§ 378 HGB)	

Qualitätsmangel

1. Der gelieferte Gegenstand läßt
   a) einen gewöhnlichen Gebrauch nicht zu;
      die gelieferte Ware ist

      zerbrochen   verdorben   beschädigt

      Beispiele:
      1. die Schallplatte ist zerkratzt
      2. das Buch hat falsch bedruckte Seiten
      3. _____
      4. _____

   b) einen nach dem Vertrag vorausgesetzten Gebrauch nicht zu; Beispiele:
      1. die gelieferte Kiste eignet sich nicht zum Büchertransport;
      2. _____

2. Es fehlt die zugesicherte Eigenschaft, bzw. die Zusicherung der Abwesenheit eines Fehlers stellt sich als unwahr heraus.

   „Zusicherung" bedeutet immer Übernahme einer entsprechenden Garantie durch den Verkäufer und ist zu trennen von
   a) einer bloßen Erwähnung der Eigenschaften im Vertrag
   b) einer allgemeinen Anpreisung (Werbebehauptung)

   Beispiele:
   1. Uhr ist wasserdicht   2. Messer ist rostfrei
   3. Gemälde ist ein echter Rubens   4. Hund eignet sich als Jagdhund
   5. es besteht keine öffentliche Baubeschränkung
   6. _____
   7. _____
   8. _____
   9. _____

Gattungsmangel

1. Genehmigungsfähige Falschlieferung
   Es wird nicht das Bestellte, sondern etwas ÄHNLICHES geliefert (relative aliud-Leistung), zum Beispiel:
   1. Gaststätte erhält Moselwein statt Rheinwein
   2. Gaststätte erhält Kalbslende statt Rinderlende
   3. _____
   4. _____

   Die ÄHNLICH-Lieferungen sind vom rechtlichen Standpunkt aus gleich zu behandeln wie die Lieferungen mit Qualitätsmängeln (= Schlechtlieferungen)

2. Genehmigungsunfähige Falschlieferung
   Die gelieferte Ware weicht von der Bestellung so erheblich ab, „daß der Verkäufer die Genehmigung des Käufers als ausgeschlossen betrachten mußte" (absolute aliud-Leistung). Es wurden z. B. geliefert
   1. Coca-Cola statt Wein   2. Salz statt Zucker
   3. Kaffee-Ersatz statt echten Kaffees   4. Radiogeräte statt Fernsehgeräte
   5. _____
   6. _____
   7. _____

   1. Möglichkeit
   Der Käufer betrachtet das Gelieferte als unbestellte Zusendung, nimmt jedoch die Falschlieferung ersatzweise an. Das bedeutet Aufhebung des alten Kaufvertrags und Abschluß eines neuen Kaufvertrags. Der Käufer ist dabei nicht zu einer unverzüglichen Stellungnahme verpflichtet.

   2. Möglichkeit
   Der Käufer lehnt die Falschlieferung ab; der bisherige Kaufvertrag bleibt also bestehen. Der Käufer kann Erfüllung des Vertrags durch richtige Lieferung verlangen. Befindet sich der Verkäufer im Verzug, so kann der Käufer _____

Quantitätsmangel

vgl. Seite 5a

Quantitätsmangel = Mangel in der Menge (§§ 378, 377 HGB)

Wir hatten 100 Stück eines bestimmten Artikels bestellt, aber ...

1.
a) wir erhielten [90 Stück]
b) berechnet wurden [90 Stück]

(= offene Unterlieferung, d. h. die Fehlmenge ist aus Rechnung, Lieferschein u. ä. sofort ersichtlich)[1]

2.
a) wir erhielten [90 Stück]
b) berechnet wurden [100 Stück]

(= verborgene, erst beim Auspacken erkennbare Unterlieferung, d. h. die Mehrlieferung ist aus Rechnung, Lieferschein u. ä. 100 Stück aufgeführt sind)[1]

3.
a) wir erhielten [110 Stück]
b) berechnet wurden [110 Stück]

(= offene Zuviellieferung, d. h. die Mehrlieferung ist aus Rechnung, Lieferschein u. ä. sofort ersichtlich)[1]

4.
a) wir erhielten [110 Stück]
b) berechnet wurden [100 Stück]

(= verborgene, erst beim Auspacken erkennbare Zuviellieferung, falls auch im Lieferschein 100 Stück aufgeführt sind)[1]

Rechtsfolgen, falls wir ...

a) die Sendung nicht ――――――― untersuchen

und b) den Verkäufer nicht ――――――― nach der Untersuchung über die Abweichungen informieren (= rügen)

und c) eine Abänderung dieser (nachgiebigen) gesetzlichen Bestimmungen durch Vertrag zugunsten des Käufers nicht besteht

und d) dem Verkäufer ――――――― nicht nachzuweisen ist:

c) wir können nachfordern [Stück]
d) bezahlen müssen wir [Stück]

c) wir können nachfordern [Stück]
d) bezahlen müssen wir, wenn im Lieferschein
 aa) 100 Stück aufgeführt sind [Stück]
 bb) 90 Stück aufgeführt sind [Stück]

c) wir können zurückweisen [Stück]
d) bezahlen müssen wir [Stück]

c) wir können zurückweisen [Stück]
d) bezahlen müssen wir [Stück]

[1] Vgl. bezüglich der verwendeten Begriffe Baumbach-Duden, Kommentar zum HGB, München und Berlin 1984, § 378 HGB

© Winklers Verlag · Gebrüder Grimm · 6100 Darmstadt

Offene Mängel (§ 377 HGB)	Verborgene Mängel (§ 377 HGB)
Mängel sind bei einer ordnungsmäßigen Untersuchung _____	Mängel sind bei einer ordnungsmäßigen Untersuchung _____
Beispiele: 1. Ein Glas ist zerbrochen 2. Der Lack ist verkratzt 3. _____ 4. _____	Beispiele: 1. Qualität von Saatgut ist erst nach der Aussaat zu erkennen 2. Ganggenauigkeit einer Maschine läßt sich erst nach der Montage feststellen 3. _____

Pflichten des Käufers beim zweiseitigen Handelskauf

1. Untersuchungspflicht

Er muß zur Wahrung seiner Rechte die eingetroffenen Waren _____ [1],

„soweit dies nach ordnungsmäßigem Geschäftsgang tunlich ist", auf _____ untersuchen (§ 377 HGB)

2. Rügepflicht

Offene Mängel sind zu rügen	Verborgene Mängel sind zu rügen
_____	_____
Zwei Möglichkeiten, falls der Mangel bereits bei der Übergabe erkennbar ist: a) Der Käufer _____ b) Der Käufer _____	Verjährungsfrist: _____ nach der Ablieferung (§ 477 BGB) Ausnahmen a) Verlängerung durch _____ b) Verkürzung durch _____ c) 30 Jahre bei _____

Rechtsfolgen

für den Käufer (Kaufmann), wenn er nicht _____ untersucht und rügt

1. Der Verkäufer lieferte schlechte, ungeeignete oder (genehmigungsfähige) falsche Waren.
   Folge: Der Käufer verliert sein Recht auf

   1. _____ 2. _____
   3. _____ 4. _____

2. Der Verkäufer lieferte mehr, als der Käufer bestellt hatte[2]. Folge: Der Käufer muß die Mehrlieferung
   _____

3. Der Verkäufer lieferte weniger, als der Käufer bestellt hatte[2]. Folge: Der Käufer kann
   _____

4. Die gelieferte Ware ist billiger als die bestellte und in Rechnung gestellte. Folge: Der Käufer muß
   _____

5. Die gelieferte und in Rechnung gestellte Ware ist teurer als die bestellte. Folge: Der Käufer muß _____
   _____

---

[1] _____ bedeutet „ohne schuldhaftes Zögern" (§ 121 BGB), muß also nicht dasselbe bedeuten wie sofort!
[2] Vgl. Sonderseite „Quantitätsmangel"

© Winklers Verlag · Gebrüder Grimm · 6100 Darmstadt

Lieferungsverzug

I. Voraussetzungen des Lieferungsverzugs

1. Lieferung muß fällig sein (= Käufer kann Lieferung verlangen)

   a) Liefertermin ist kalendermäßig genau bestimmt (§ 284, II BGB), z. B. Liefern Sie

   aa) _____

   bb) _____ ➤ Der Lieferant kommt

   cc) _____ _____ in Verzug

   b) Liefertermin ist nicht kalendermäßig genau bestimmt (§ 284, I BGB), z. B. Liefern Sie

   aa) _____

   bb) _____ ➤ Der Lieferant kommt

   cc) _____ _____ in Verzug

   dd) _____

2. Der Lieferer hat die Verzögerung zu vertreten (§§ 285, 276, 278 BGB)
   Der Verzug ist auf ein Verschulden (= Fahrlässigkeit oder Vorsatz)

   a) _____ oder

   b) _____ zurückzuführen.

   Ausnahme: Der Lieferer kommt ohne Verschulden in Verzug, wenn der zu liefernde Gegenstand nur der Gattung nach bestimmt und noch am Markt erhältlich ist (§ 279 BGB).

II. Die Rechte des Käufers bei Lieferungsverzug

Er kann _____
_____ (§ 286 BGB).

Beispiel:
Der Käufer kann eine Maschine nur von dem sich in Verzug befindenden Fabrikanten (Alleinhersteller) oder Großhändler (z. B. Allein-Importeur) beziehen.

——————————————— O D E R ———————————————

Er kann eine _____ Nachfrist setzen und gleichzeitig androhen, daß er nach Ablauf der Frist

_____ und

_____   _____

_____ (§ 326, I BGB)   _____ (§ 326, I BGB)

Beispiel: Beispiel:
Andere Lieferer bieten das Bestellte inzwischen   a) Der Käufer mußte die Ware bei einem anderen Lieferer
a) in modernerer (besserer) Ausführung und/oder   zu einem höheren Preis einkaufen.
b) billiger an   b) Der Käufer konnte wegen der Nichtlieferung kein gewinn-
                                                 bringendes Geschäft machen.

O D E R

◄——————( )——————◄
——————( )——————►

Die Nachfrist ist nicht erforderlich, wenn

1. der Käufer infolge des Verzugs kein Interesse mehr an der Erfüllung des Vertrags hat (§ 326, II BGB).
   Beispiel: Verspätet eintreffende Waren würden sich nur noch schwer absetzen lassen, so etwa
   _____

2. der Lieferer erklärt, daß er nicht leisten wolle.

Das Fixgeschäft, insbesondere der Fixkauf

Ein Fixkauf liegt vor, wenn vereinbart worden ist, daß der Lieferer genau zu einer festbestimmten Zeit oder innerhalb einer festbestimmten Frist leisten soll. „Nicht jede genaue Bestimmung der Leistungszeit hat schon den Fixcharakter; die vereinbarte Erfüllungszeit muß vielmehr so wesentlicher Bestandteil des Rechtsgeschäfts sein, daß nachträgliche Leistung nicht mehr als (vollständige) Erfüllung angesehen werden kann"[1]. Der ganze Vertrag steht oder fällt mit der Einhaltung oder Nichteinhaltung der zeitgerechten Lieferung.

Durch Hinzufügung bestimmter Klauseln zum Leistungsdatum (oder zur Leistungszeit) und/oder Aufnahme entsprechender Bemerkungen in den Vertragstext muß auf die besondere Bedeutung des Leistungszeitpunktes (oder der Leistungsfrist) hingewiesen werden; zum Teil ergibt sich die Eingrenzung des Leistungszeitraums auch schon aus dem Vertragszweck.

Beispiele:

Liefern Sie
1. am 24. September 19.. fix
2. _____
3. _____
4. _____

5. Nüsse zu Weihnachten
6. Torten zur Geburtstagsfeier
7. _____
8. _____

Wird der vereinbarte Termin nicht eingehalten, dann hat der Käufer folgende Rechte:

Der Lieferer hat die Zielüberschreitung	§ 376 HGB beim Handelskauf (mindestens ein Vertragspartner muß Kaufmann sein)	§ 361 BGB beim bürgerlichen Kauf
nicht verschuldet	1. _____ oder 2. _____	1. _____ 2. _____
verschuldet	1. _____ oder 2. _____ oder 3. _____	1. _____ 2. _____

[1] Palandt, Kommentar zum BGB, 24. Auflage, München und Berlin 1965, § 361

© Winklers Verlag · Gebrüder Grimm · 6100 Darmstadt

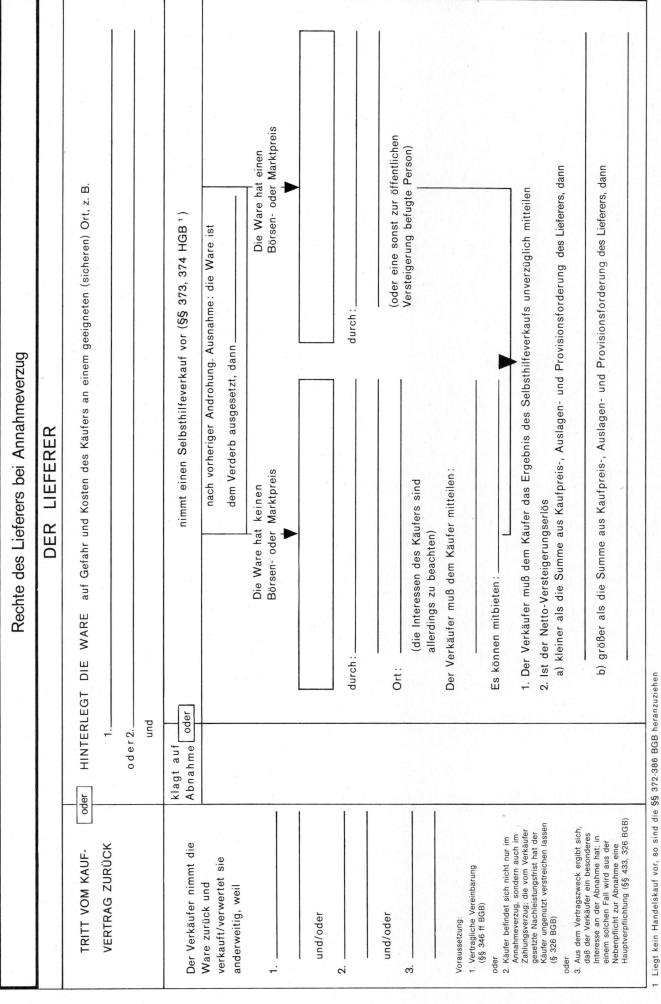

Zahlungsverzug

I. Wann tritt Zahlungsverzug ein?

1. Die Zahlung muß fällig sein (= Verkäufer kann Zahlung verlangen)
   a) Der Zahlungstag ist kalendermäßig genau bestimmt oder zu bestimmen (§ 284, II BGB), z. B. Zahlbar

   aa) _____
   bb) _____ ➡ Der Käufer kommt _____
   cc) _____ _____ in Verzug

   b) Der Zahlungstag ist **nicht** kalendermäßig genau bestimmt oder zu bestimmen (§ 284, I BGB), z. B. Zahlbar

   aa) _____ ➡ Der Käufer kommt _____
   bb) _____ _____ in Verzug
   cc) _____

2. Zahlungsverzug tritt auch dann ein, wenn den Käufer oder dessen Erfüllungsgehilfen **kein** Verschulden an der Zahlungsverzögerung trifft (§ 279 BGB).

II. Welche Rechte hat der Verkäufer bei Zahlungsverzug?

(Siehe Rückseite dieses Blattes)

III. Angaben für das Ausfüllen eines Mahnbescheids

- Antragsteller (Verkäufer, Gläubiger)
  MÜLLER & SCHWARZ OHG
  Herstellung modischer Herrenbekleidung
  Valentinstraße 22-24
  8000 München 13

- Antragsgegner (Käufer, Schuldner)
  Bekleidungshaus SCHICK
  Inhaber Karl Groß
  Königstraße 70
  7000 Stuttgart 1

- Bankverbindungen des Antragstellers
  Deutsche Bank AG, Filiale München (BLZ 700 700 10) 02/24276
  Stadtsparkasse München (BLZ 701 500 00) 2 936 854

- Anspruch: Kaufpreisforderung für gelieferte Waren laut Rechnung Nr. 2218 vom 16. Mai 19 . ., fällig 16. Juni 19 . .

- Hauptforderung: DM 1.758,--

- Vorgerichtliche Kosten:
  1. Erinnerungsschreiben (gewöhnlicher Brief) DM _____
  2. Zwei Mahnschreiben (Einschreibebriefe) DM _____
  3. Nachnahmepostkarte zum Einzug der fälligen Forderung DM _____

- Zinsen: 8 % jährlich gemäß Vereinbarung im Kaufvertrag vom 5. Mai 19 . . aus DM 1.758,-- ab 16. Juni 19 . .

- Kosten des Verfahrens:
  1. Gerichtskosten a) Gerichtsgebühr laut amtlicher Tabelle DM _____
     b) Zustellungsgebühr DM _____
  2. Auslagen des Antragstellers:
     a) Kosten des Vordrucksatzes DM _____
     b) Porto für Einsendung an das Gericht DM _____

© Winklers Verlag · Gebrüder Grimm · 6100 Darmstadt

II. Welche Rechte hat der Verkäufer bei Zahlungsverzug?

Der Verkäufer kann

1. weiterhin die Zahlung des _____ fordern und dabei gegebenenfalls die Hilfe _____ in Anspruch nehmen (z.B. _____) oder

2. die Zahlung des _____ u n d Ersatz des durch den Verzug entstandenen Schadens fordern (§ 286, I BGB). Dieser Verzögerungsschaden umfaßt:

   a) _____
      aa) bei zweiseitigen Handelsgeschäften (§§ 352, 353 HGB): ___ % p.a. vom Tag _____ an.
      bb) sonst (§ 288 BGB): ___ % p.a. vom Tag _____ an.
      cc) Ein höherer Zinssatz kann nur verlangt werden,
         – wenn ein solcher im Kaufvertrag vereinbart worden ist oder
         – wenn der Verkäufer beweisen kann, daß er diesen Zins infolge der Säumnis des Käufers wirklich hat aufwenden müssen.

   b) _____

3. dem Käufer eine _____ Nachfrist setzen und gleichzeitig androhen, daß er nach Ablauf der Frist _____ und

_____ (§§ 326, 454, 455, 346 ff. BGB)	_____ (§§ 326, 985 BGB)
Grund: Der Verkäufer will eine Klage und gegebenenfalls eine Zwangsvollstreckung in das Vermögen des Käufers vermeiden; er kann die Ware zum gleichen oder zu einem höheren Preis an einen anderen Interessenten verkaufen.	Grund: Der Verkäufer will auf das Einklagen des gesamten (!) Rechnungsbetrags verzichten. Er ist bereit, die verkaufte Ware zu behalten und seine Forderung auf den entgangenen Gewinn und/oder den Schaden zu beschränken, der ihm durch die Nichtzahlung des Käufers entstanden ist.
Innerhalb der Nachfrist geht keine Zahlung ein.	Innerhalb der Nachfrist geht keine Zahlung ein.
Fall I: Der Käufer hat die ihm vertragsgemäß angebotene Ware nicht abgenommen und bezahlt („Zahlung im voraus", „Zahlung bei Lieferung", „Lieferung gegen Nachnahme"). Folge: _____	Der Verkäufer, der die Ware berechtigterweise noch nicht ausgeliefert oder aber beim Käufer aufgrund eines Eigentumsvorbehalts wieder abgeholt hat, kann vom Käufer verlangen: – als Händler: Differenz zwischen _____ – als Fabrikant: Differenz zwischen _____
Fall II: Der Verkäufer hat die Ware bereits an den Käufer ausgeliefert (Verkauf auf Ziel), sich dabei allerdings das Eigentum an der Ware oder das Rücktrittsrecht vertraglich (!) vorbehalten. Folge: _____	– bei einer Versteigerung: Differenz zwischen _____ daneben: _____
Die Nachfrist kann entfallen, – wenn die Ware unter Eigentumsvorbehalt verkauft worden ist	Die Nachfrist kann entfallen,

ODER

– wenn der Käufer erklärt, daß er nicht zahlen wolle bzw. könne
– wenn der Käufer auf die Fristsetzung verzichtet hat

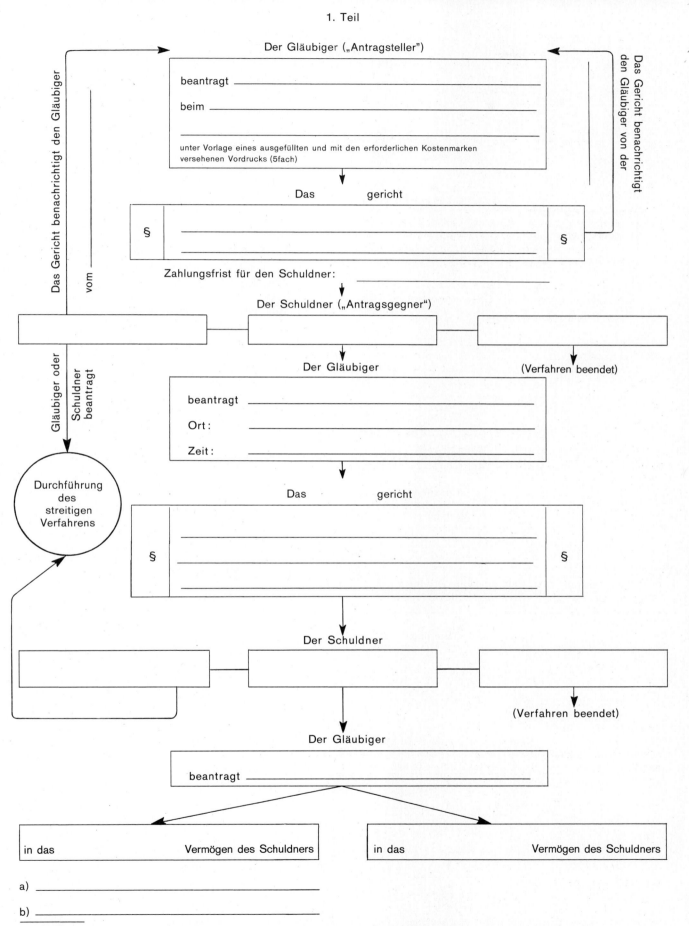

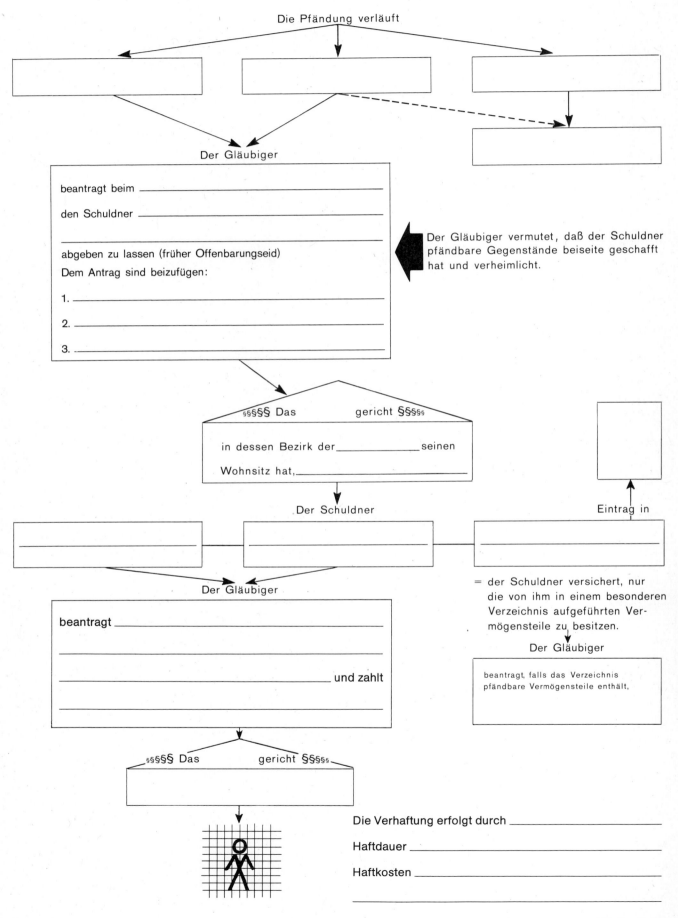

Der Güterverkehr mit Bahngut, LKW sowie die Postdienste

Als schneller Überblick über die wesentlichen Tatbestände bestimmter Problemkreise eignet sich in vielen Fällen die tabellarische Übersicht (eine Form der Zuordnungsmatrix), Tabellen dieser Art bestehen aus Zeilen und Spalten, wie die nachstehende Abbildung 1 zeigt.

„Zeile 0" dient der Kennzeichnung des Inhalts der einzelnen Spalten, „Spalte 0" der Kennzeichnung des Inhalts der einzelnen Zeilen. Das Kästchen 0/0 kann unterteilt werden und anzeigen, nach welchen Hauptgesichtspunkten die Spalten und Zeilen aufgegliedert sind. Soll ein Teilgebiet nochmals untergliedert werden, können jeweils mehrere Zeilen oder Spalten zu einer Gruppe zusammengefaßt werden, wie Abbildung 2 zeigt.

Fertigen Sie in der erläuterten Form Übersichten zu folgenden Gebieten an und füllen Sie die Tabelle aus:

Eisenbahngüterverkehr:

Zeilen: Zeilengruppen: Lieferfrist (mit Einzelzeilen „Abfertigungsfrist" und „Beförderungsfrist")
Einzelzeilen: Auflieferungsort, Auflieferungszeit, Mindestgewicht, Gewichtsberechnung, Gebührenberechnung, Zugart

Spalten: Spaltengruppen: Stückgut (mit Einzelspalten „Frachtgut" und „Expreßgut")
Einzelspalten: Behälter, Wagenladungen, Sammelladungen, Reisegepäck

Lastkraftwagengüterverkehr:

Zeilen: Zulassung, zugelassene Entfernung, Frachtsatz, Frachtbrief, Ladeliste, Fahrtenbuch, Beförderungssteuer, Umsatzsteuer, äußere Kennzeichen

Spalten: Güternahverkehr, Güterfernverkehr, Werksverkehr, Möbelnahverkehr, Möbelfernverkehr

Briefsendungen:

Zeilen: Brief, Postkarte, Briefdrucksache, Drucksache, Büchersendung, Massendrucksache, Wurfsendung, Blindensendung, Warensendung, Päckchen

Spalten: Vermerk, Höchstgewicht, Gebühr Inland, Gebühr Ausland, Verwendung, Besonderheiten

Besondere Versendungsarten im Postdienst (Briefsendungen):

Zeilen: Wertsendung, Nachnahmesendung, Luftpostbrief, Einschreibsendung, Rückschein, eigenhändig, Eilzustellung, Werbeantwort

Spalten: Vermerk, zugelassen für, Gebühr Inland, Gebühr Ausland, Verwendung, Besonderheiten

Paketsendungen:

Zeilen: Pakete, Postgut, Schnellpakete und Postschnellgüter, dringende Pakete, sperrige Pakete, Luftpostpakete, Wertpakete, Nachnahmepakete, Pakete gegen Rückschein, eigenhändige Pakete

Spalten: Vermerk, Höchstgewicht, Gebühr Inland, Gebühr Ausland, Beförderung und Zustellung, Besonderheiten

Beachten Sie!

1. Tabellen, die ein DIN-A-4-Blatt übersteigen, können ohne weiteres unterteilt werden.
2. Es empfiehlt sich, die Spalten nicht immer gleich breit zu halten, sondern sie entsprechend dem zu erwartenden Text in schmälere und breitere Spalten aufzugliedern.

	(Spalte 0)	Spalte 1	Spalte 2	Spalte 3
(Zeile 0)				
Zeile 1				
Zeile 2				
Zeile 3				
Zeile 4				
Zeile 5				
Zeile 6				
Zeile 7				
Zeile 8				
Zeile 9				
Zeile 10				

Abb. 1

	(Spalte 0)		Spalte 1	Spalte 2a	Spalte 2b	Spalte 3
(Zeile 0)				Spaltengruppe		
Zeile 1a	Zeilengruppe					
Zeile 1b						
Zeile 1c						
Zeile 1d						
Zeile 2						
Zeile 3						
Zeile 4						
Zeile 5						
Zeile 6						

Abb. 2

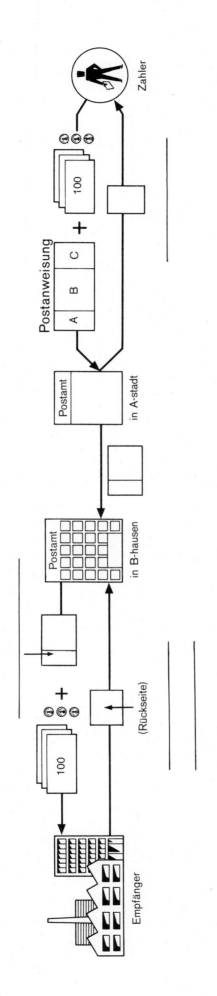
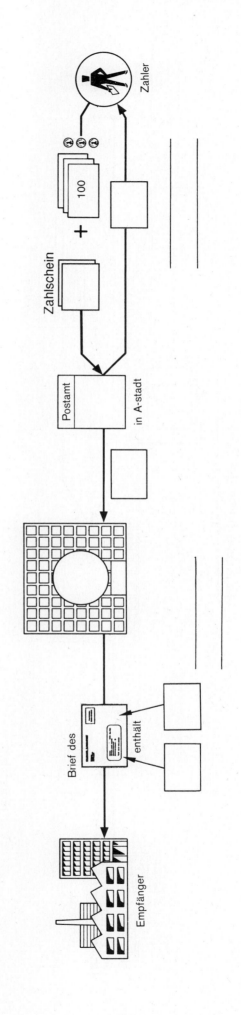

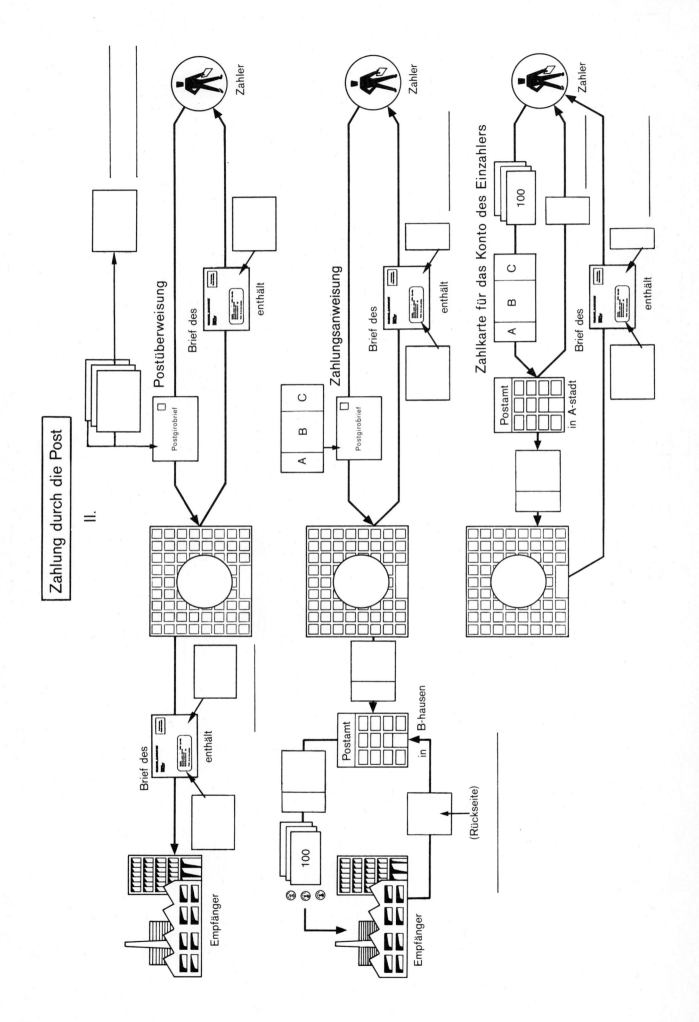

Situationsaufgabe für die Begleichung einer Rechnung

Nehmen Sie an, Sie sind Inhaber einer Schmuckwarengroßhandlung. Als Firmenanschrift wählen Sie Ihre jetzige Privatanschrift.

Sie besitzen

1. das Girokonto 95202 bei der Volksbank ─────────────────────
(Deutsche Bank, Sparkasse usw. - je nach Vordruck)

2. das Postgirokonto 456 78 beim Postgiroamt ─────────────────────

Sie haben von der Firma

> Hansen & Stolle
> Schmuckwarenfabrik
> Postfach 154
>
> 7530 Pforzheim

am 9. Oktober 19 . . ein Paket mit Schmuckwaren erhalten. Die Rechnung für diese Sendung finden Sie auf der Rückseite dieses Blattes.

Begleichen Sie diese Rechnung übungshalber nacheinander mit den nachfolgend aufgeführten Möglichkeiten; füllen Sie die Vordrucke aus und geben Sie an, wie hoch die jeweils anfallenden Kosten sind.

1. Sie lassen das Geld am 14. Oktober durch einen Bevollmächtigten überbringen. Bereiten Sie die entsprechende Quittung vor!

2. Sie begleichen am 14. Oktober Ihre Schuld

	Kosten
a) mit einer Postanweisung	
b) mit einem Zahlschein der Post	
c) mit einer Postüberweisung	
d) mit einer Zahlungsanweisung (Barauszahlung durch den Zusteller)	
e) mit einem Zahlschein einer Bank oder Sparkasse	
f) mit einem Überweisungsauftrag (Bank oder Sparkasse)	
g) mit einem Verrechnungsscheck (Versand im Briefumschlag)	
h) im Lastschriftverfahren (Wie sieht die Ihnen mit dem Kontoauszug zugegangene Lastschrift aus?)	

3. Sie akzeptieren über den Rechnungsbetrag einen Wechsel, ausgestellt am 1. November, fällig am 1. Februar des folgenden Jahres.

HANSEN & STOLLE · PFORZHEIM
SCHMUCKWARENFABRIK

Hansen & Stolle · Postfach 154 · 7530 Pforzheim

(Ihre Anschrift)

Lieferschein-Nr.
2376
Versanddatum
07.10.19..

Rechnung

Rechnungs-Nr.	Kunden-Nr.
2376	8008
Rechnungsdatum	
07.10.19..	

Ihre Zeichen/Bestellung Nr./Datum	Unsere Abteilung	Hausruf	Unsere Auftrags-Nr.
MB 113-2997 vom 20.08.19..	VS-D LÖ/ZA	234	711-3880

Versandart	frei	unfrei	Verpackungsart	Versandzeichen
POST-PAKET	X		1 KARTON	–

Pos.	Sachnummer	Bezeichnung der Lieferung/Leistung	Menge und Einheit	Preis je Einheit DM	Betrag DM
		AM. DOUBLE			
1	Z/04476	BROSCHEN	12 ST	28,50	342,00
2	23982/12	ARMBÄNDER	6 ST	40,50	243,00
3	26007/14	ARMBÄNDER	12 ST	56,50	678,00
4	34318/6	ARMREIFE	12 ST	55,80	669,00
5	35501/10	ARMREIFE	6 ST	71,90	431,60
6	58548/60	FANTASIE-COLLIERS	6 ST	41,50	249,40
7	63241	COLLIERS MIT ANHÄNGER	12 ST	18,00	216,00
8	63259 P	COLLIERS MIT ANHÄNGER	12 ST	18,70	224,40

Netto-Betrag DM	Mehrwertsteuer % / DM	Rechnungsbetrag
3 053,40	15,00 / 458,01	3 511,41

Zahlungsbedingungen: 5 % Skonto bei Zahlung innerhalb von 10 Tagen ab Rechnungsdatum, 3 % Skonto bei Zahlung innerhalb von 30 Tagen ab Rechnungsdatum, rein netto mit 3-Monats-Akzept ab Ende Liefermonat.

Eigentumsvorbehalt: Die gelieferte Ware bleibt bis zur vollständigen Bezahlung unserer sämtlichen Forderungen und bis zur Einlösung von Wechseln und Schecks unser Eigentum. Die gelieferte Ware darf nicht verpfändet oder zur Sicherung übereignet werden.

Erfüllungsort: Erfüllungsort für Lieferung und Zahlung sowie Gerichtsstand ist Pforzheim.

Geschäftsräume
Pforzheim
Mozartstr. 22 – 24

Telefon
(0 72 31) 3 40 99

Telefax
(0 72 31) 35 82 76

Bankkonten
Landeszentralbank Zweigstelle Pforzheim
(BLZ 666 000 00) 666 08320
Deutsche Bank AG, Filiale Pforzheim
(BLZ 666 700 06) 02/01215
Volksbank Pforzheim eG
(BLZ 666 900 00) 14914-6

Postgirokonto
Karlsruhe
(BLZ 660 100 75)
111 33-756

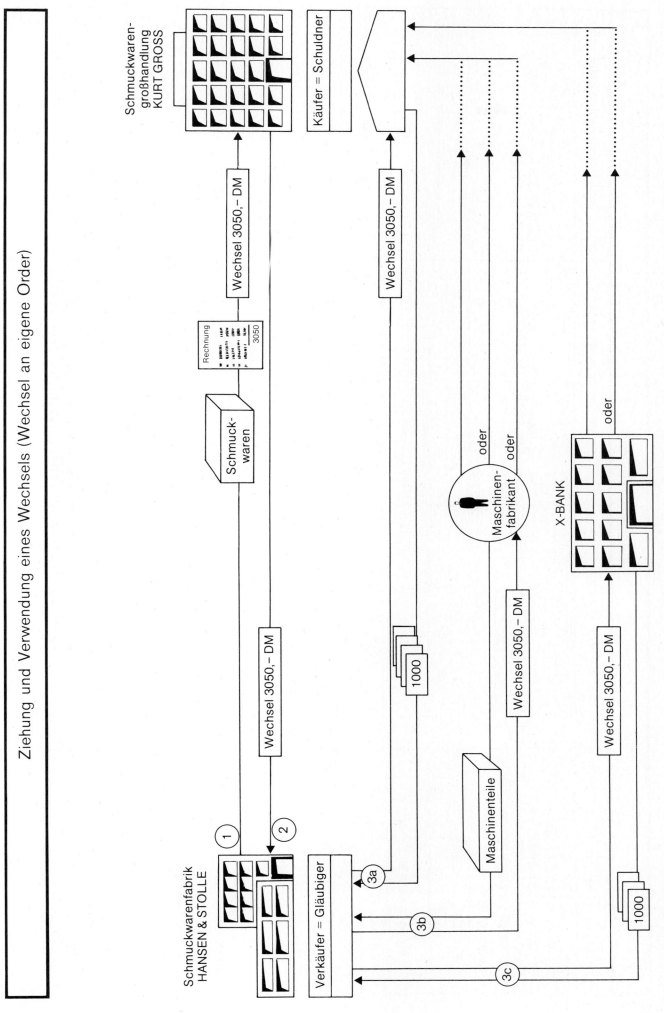

Einzug des Wechsels

WER?

Der Wechselberechtigte muß den Wechsel auf eigene Kosten dem Bezogenen „präsentieren". Wechselberechtigter kann sein,

1. wenn der Wechsel an eigene Order lautete und eine Weitergabe nicht erfolgte,

2. wenn der Wechsel an fremde Order lautete und keine Weitergabe mittels Indossament erfolgte,

3. wenn der Wechsel mittels Indossament weitergegeben wurde,

4. wenn das letzte Indossament ein Blanko-Indossament war (Art. 16 WG),

DURCH WEN?

durch
1. _____
2. _____
3. _____
4. _____
5. _____

WANN (Art. 38 und 72 WG)

1.
Bei Tag-, Dato- und Nachsichtwechseln

Am _____

oder _____

zur _____

Im allgemeinen ist der _____

Fällt jedoch der Verfalltag auf einen _____

dann ist der erste darauf folgende _____

2.
Bei Sichtwechseln

Innerhalb _____ nach Ausstellung, sofern der Aussteller keine kürzere oder längere Frist bestimmt hat.

BEI FRISTVERSÄUMNIS GEHT _____ VERLOREN!

WO? (Art. 27 und 87 WG)

1.
Bei Wechseln mit einem
a) Zahlstellenvermerk _____

b) Domizilvermerk _____

2.
Bei Wechseln ohne Zahlstellen- bzw. Domizilvermerk:
a) bei Geschäftsleuten _____

b) bei Privatleuten _____

Wechselprolongation

(1) Bezogener befürchtet,
   [Wechsel 1] am Verfalltag
   _____
   _____

```
 ┌─────────┐          (2)                      ┌──────────┐
 │Bezogener│ ──────────────────────────────▶   │Aussteller│
 └─────────┘   Bezogener bittet den Aussteller um       └──────────┘
              Entgegenkommen und bietet neuen
              akzeptierten [Wechsel 2] an, fällig nach
              _____
```

                                    (3b)
                (3a)

| Aussteller besitzt [Wechsel 1] noch | Aussteller hat [Wechsel 1] indossiert |

_____
_____

1. Aussteller _____
   den zur Einlösung des [Wechsels 1] benötigten Geldbe-
   trag; das kann sein

   a) _____

   b) _____
   oder

2. Aussteller _____
   die erforderliche Summe bei
   _____

(4) M ö g l i c h k e i t e n   d e s   f i n a n z i e l l e n   A u s g l e i c h s

a) Der Aussteller läßt am Verfalltag des [Wechsels 1]   Der Aussteller läßt den [Wechsel 2]
   den [Wechsel 2]
                                                          _____ oder
   _____

   Damit der Aussteller keinen Nachteil erleidet, _____ _____
   _____
   _____   und stellt dem Bezogenen

                                                          a) _____ oder (seltener)

b) Der Aussteller verzichtet auf eine   b) _____
                                                          zur Verfügung.
   _____

   belastet jedoch den Bezogenen mit
   _____
   _____

© Winklers Verlag · Gebrüder Grimm · 6100 Darmstadt

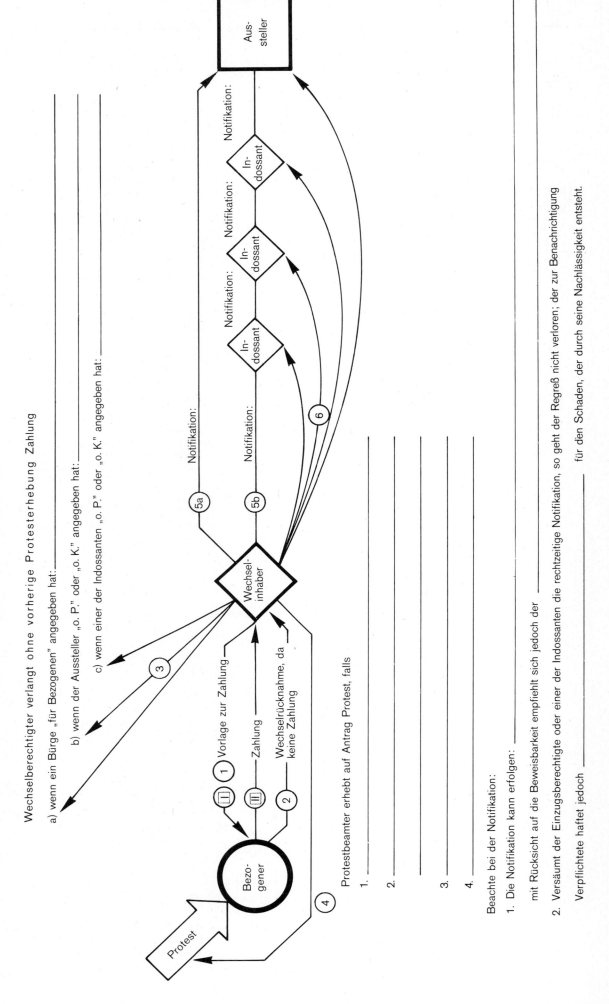

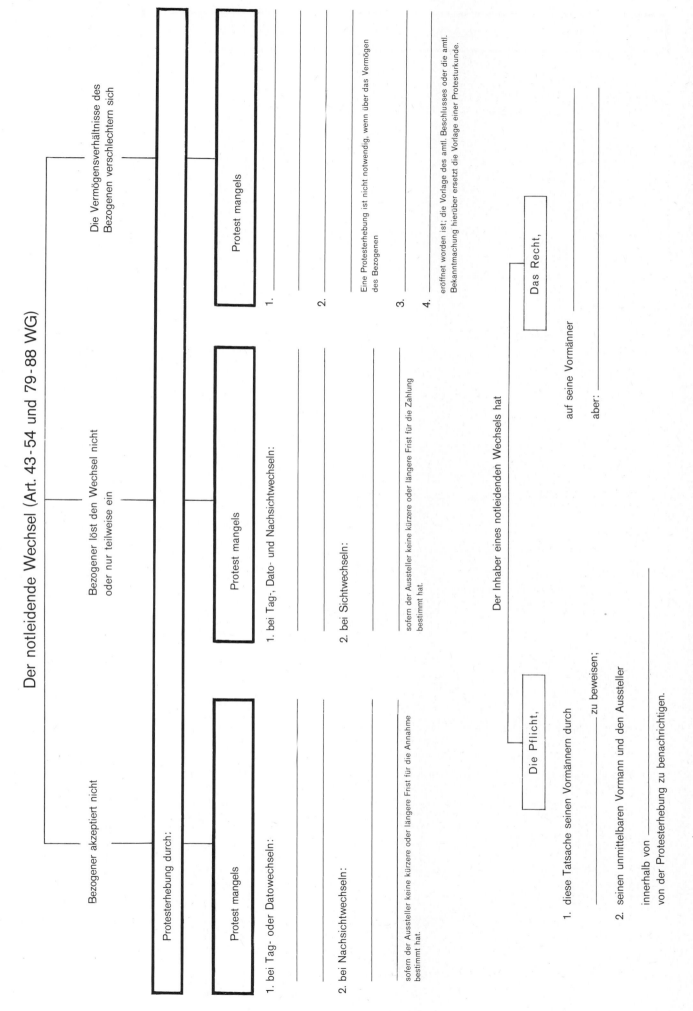

Wechselklage (§§ 602-605 ZPO)

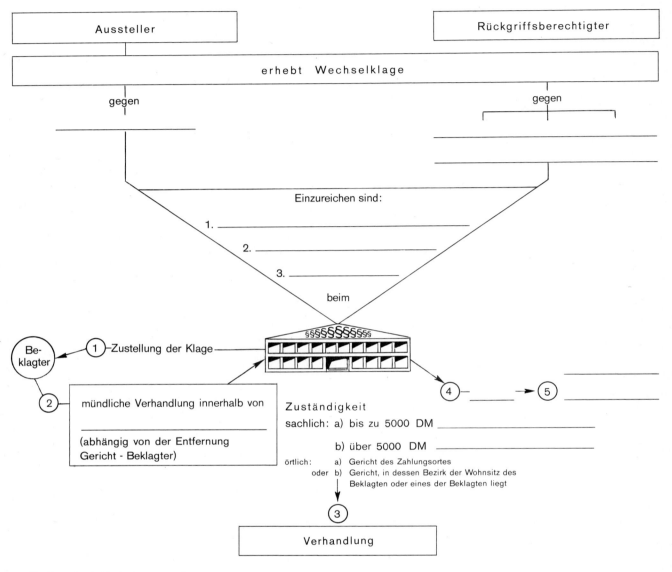

1. Als Beweismittel sind nur zugelassen:
   _____

2. Die Einwendungen des Beklagten beschränken sich

   a) | auf die Wechselurkunde | b) | auf die Beziehung Kläger ←→ Beklagter |

   1. _____   1. _____
   2. _____   _____
      _____   2. _____
   3. _____   _____
      _____   3. _____
   4. _____
      _____

Übersicht über die Zweige der Sozialversicherung

	I Kranken-versicherung	II Unfall-versicherung	III Angestellten-rentenversicherung	IV Arbeiter-rentenversicherung	V Knappschafts-versicherung	VI Arbeitslosen-versicherung
Versicherungsträger						
Versicherungspflicht						
Beitrags-bemessungsgrenze						
Beitragszahlung						
Leistungen						
Zuständiges Gericht						

Die Arten des Kaufmanns nach HGB

1. Teil

_____-Kaufmann (§ 1 HGB)	_____-Kaufmann (§ 2 HGB)
Kraft _____	Kraft _____

Kaufmann ist, wer eines der nachfolgenden Handelsgewerbe bzw. -geschäfte betreibt:

1. Einkauf von Waren und deren Verkauf in unverändertem, ver- oder bearbeitetem Zustand:
   _____
   _____

2. Betriebe, die fabrikmäßig Waren gegen Lohn be- oder verarbeiten, z. B.
   _____

3. _____
4. _____
5. _____
6. _____
7. _____

Die Kaufmannseigenschaft besitzen Handwerker und andere Gewerbetreibende, die zwar nicht unter § 1 HGB fallen, die aber

1. nach Art und Umfang einen in kaufmännischer Weise eingerichteten Geschäftsbetrieb brauchen und
2. die Eintragung ins HR haben vornehmen lassen.

Beispiele:
- Bergwerksunternehmen
- Sanatorium
- Ziegeleibetrieb

Die Eintragung ins Handelsregister hat _____ Wirkung

Die Eintragung ins Handelsregister hat _____ Wirkung

_____-Kaufmann (§ 4 HGB)	_____-Kaufmann

Trennungsmerkmal

Braucht das Unternehmen nach Art oder Umfang einen in kaufmännischer Weise eingerichteten Geschäftsbetrieb? Merkmale:

_____
_____

Das Registergericht trifft die Entscheidung im Zusammenwirken mit der IHK und ggf. Handwerkskammer.

Keinen nach Art oder Umfang in kfm. Weise eingerichteten Geschäftsbetrieb benötigen erfahrungsgemäß

„kleine" Handwerker, Kleingewerbetreibende (insbesondere wenn sie keine Hilfskräfte beschäftigen). Beispiele:
- Kiosk
_____
_____

_____-Kaufmann

Nur ein _____-Kaufmann darf

1. _____
2. _____
3. _____
4. _____

Nur ein _____-Kaufmann muß

1. _____
2. _____
3. _____
4. eine verwirkte Vertragsstrafe, auch wenn sie unverhältnismäßig hoch ist, zahlen. Ein _____-Kaufmann kann ihre Höhe anfechten.

Die Arten des Kaufmanns nach HGB

2. Teil

-Kaufmann (§ 3 HGB)	-Kaufmann (§ 6 HGB)
Kraft _____	Kraft _____
Land- und Forstwirte besitzen die Kaufmannseigenschaft für 1. land- und forstwirtschaftliche Hauptbetriebe oder / und 2. land- und forstwirtschaftliche Nebenbetriebe (hier werden Erzeugnisse der Hauptbetriebe – ggf. zusammen mit den Erzeugnissen von Zulieferern – verwertet), soweit die Betriebe – eine kaufmännische Einrichtung wie bei § 2 HGB erfordern und – im Handelsregister eingetragen worden sind. Beispiele für Nebenbetriebe: - Mühle (eines Landwirts) - Süßmostkelterei (eines Landwirts) - Branntweinbrennerei (eines Landwirts)	Die Kaufmannseigenschaft besitzen (Handels-) Gesellschaften mit eigener Rechtspersönlichkeit ohne Rücksicht auf die Art des Unternehmens. Ob ein Gewerbe nach § 1 oder § 2 HGB vorliegt oder nicht, spielt keine Rolle. Hierzu zählen: OHG und KG besitzen keine eigene Rechtspersönlichkeit im Sinne des § 6, II HGB. Sie müssen immer ein Handelsgewerbe nach § 1 oder § 2 HGB betreiben. Kaufmannseigenschaft besitzen neben der Gesellschaft selbst sämtliche Gesellschafter einer OHG und die Vollhafter einer KG.
Die Eintragung ins Handelsregister hat _____ Wirkung	Die Eintragung ins Handels- bzw. Genossenschaftsregister hat _____ Wirkung
-Kaufmann	-Kaufmann

Aufgabe zu „Die Arten des Kaufmanns nach HGB"

① Besitzen die nachfolgend aufgeführten Personen bzw. Gesellschaften die Kaufmannseigenschaft nach HGB? (Zutreffendes im Kästchen ankreuzen)

② Wenn ja, um welche Art handelt es sich? (Zutreffendes im Kästchen ankreuzen)

③ Tragen Sie nach der Kontrolle Ihrer Lösung die neuen Beispiele unter Angabe des jeweiligen Gewerbes in Ihr Blatt „Die Arten des Kaufmanns nach HGB" ein!

Ist Kaufmann nach HGB ...

1. Herr E. als Inhaber einer großen mit vielen technischen Neuerungen ausgestatteten Buchdruckerei?

Ja	Muß	Soll	Voll
Nein	Kann	Form	Minder

2. der Gutsbesitzer H., der ausgedehnte Hopfen- und Gerstenfelder besitzt und den Ertrag in einer eigenen Brauerei zu Bier verarbeitet? (Eintragung ins HR wird unterstellt)

Ja	Muß	Soll	Voll
Nein	Kann	Form	Minder

3. Herr W., der eine Privatbank betreibt?

Ja	Muß	Soll	Voll
Nein	Kann	Form	Minder

4. die Volkswagen Aktiengesellschaft?

Ja	Muß	Soll	Voll
Nein	Kann	Form	Minder

5. ein Vorstandsmitglied der Volkswagen AG?

Ja	Muß	Soll	Voll
Nein	Kann	Form	Minder

6. ein Aktionär der Volkswagen AG?

Ja	Muß	Soll	Voll
Nein	Kann	Form	Minder

7. Herr Pf., der in einem Geschäftshaus in M. ein Detektivbüro mit Auskunftei betreibt?

Ja	Muß	Soll	Voll
Nein	Kann	Form	Minder

8. ein Warenhausbesitzer?

Ja	Muß	Soll	Voll
Nein	Kann	Form	Minder

9. ein Steinbruchbesitzer, der in seinen zwei Steinbruchbetrieben über 40 Arbeitskräfte beschäftigt?

Ja	Muß	Soll	Voll
Nein	Kann	Form	Minder

10. Herr F., der an der Marktplatzecke im Sommer Eis, im Winter heiße Würstchen verkauft?

Ja	Muß	Soll	Voll
Nein	Kann	Form	Minder

11. ein Schmuckwarenfabrikant, der 65 Arbeiter und Angestellte beschäftigt?

Ja	Muß	Soll	Voll
Nein	Kann	Form	Minder

12. Frau D., die die Gastwirtschaft „Zum Goldenen Löwen" betreibt und 5 Bedienungen beschäftigt?

Ja	Muß	Soll	Voll
Nein	Kann	Form	Minder

13. die Gebrüder H., die die „Baustoffgroßhandlung Holz & Co." ihr eigen nennen?

Ja	Muß	Soll	Voll
Nein	Kann	Form	Minder

14. der Bauunternehmer W., der eine Bauunternehmung betreibt? Er beschäftigt einen Polier und 20 Bauhandwerker.

Ja	Muß	Soll	Voll
Nein	Kann	Form	Minder

15. der Besitzer des Großzirkus „Granada"?

Ja	Muß	Soll	Voll
Nein	Kann	Form	Minder

16. Hans F., Inhaber eines gutgehenden Werbebüros in St.? F. hat 15 Mitarbeiter.

Ja	Muß	Soll	Voll
Nein	Kann	Form	Minder

17. der 5jährige Rudi, der eine Maschinenfabrik geerbt hat, die bis zu Rudis Volljährigkeit von dessen Eltern in seinem Namen betrieben wird?

Ja	Muß	Soll	Voll
Nein	Kann	Form	Minder

18. die Winzergenossenschaft A-dorf eG, der 43 Winzer angeschlossen sind?

Ja	Muß	Soll	Voll
Nein	Kann	Form	Minder

19. Schuhmachermeister S., der Schuhreparaturen durchführt, jedoch keine Schuhe mehr von Grund auf herstellt? Gesellen beschäftigt er keine.

Ja	Muß	Soll	Voll
Nein	Kann	Form	Minder

20. Landwirt Z., der seine auf eigenem Grund und Boden gezogenen Erzeugnisse auf dem Wochenmarkt verkauft?

Ja	Muß	Soll	Voll
Nein	Kann	Form	Minder

21. Dr. M., der vor kurzem eine Zahnarztpraxis in A. eröffnet hat?

Ja	Muß	Soll	Voll
Nein	Kann	Form	Minder

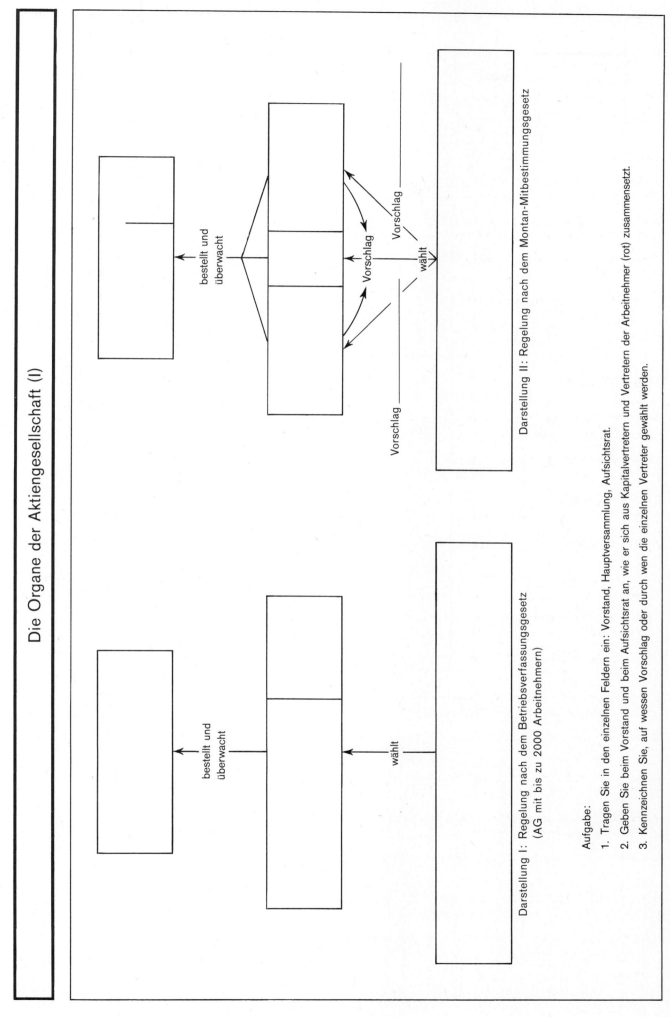

Die Organe der Aktiengesellschaft (II)

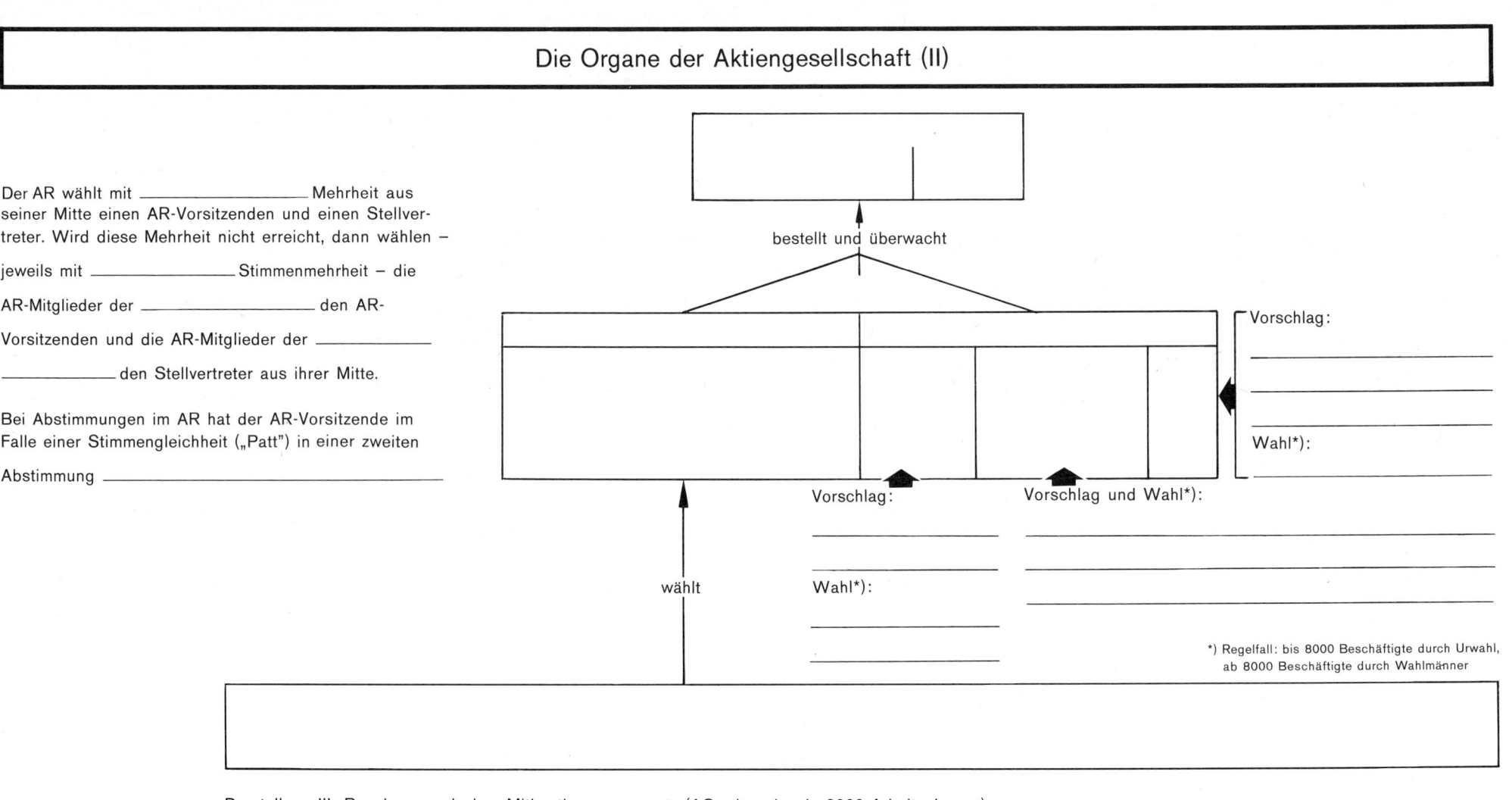

Der AR wählt mit _____ Mehrheit aus seiner Mitte einen AR-Vorsitzenden und einen Stellvertreter. Wird diese Mehrheit nicht erreicht, dann wählen –

jeweils mit _____ Stimmenmehrheit – die

AR-Mitglieder der _____ den AR-

Vorsitzenden und die AR-Mitglieder der _____

_____ den Stellvertreter aus ihrer Mitte.

Bei Abstimmungen im AR hat der AR-Vorsitzende im Falle einer Stimmengleichheit („Patt") in einer zweiten

Abstimmung _____

bestellt und überwacht

Vorschlag:

Wahl*):

Vorschlag:

Vorschlag und Wahl*):

wählt

Wahl*):

*) Regelfall: bis 8000 Beschäftigte durch Urwahl, ab 8000 Beschäftigte durch Wahlmänner

Darstellung III: Regelung nach dem Mitbestimmungsgesetz (AG mit mehr als 2000 Arbeitnehmern)
(Dargestellter Fall: AG mit mehr als 20000 Arbeitnehmern)

A u f g a b e :

1. Tragen Sie in den einzelnen Feldern ein bzw. kennzeichnen Sie: Vorstand (einschließlich Arbeitsdirektor), Hauptversammlung, Aufsichtsrat.

2. Geben Sie beim Aufsichtsrat an, wie er sich aus Vertretern der Aktionäre und der Arbeitnehmer zusammensetzt und wer die Arbeitnehmervertreter für den Aufsichtsrat vorschlägt und wählt.

3. Ergänzen Sie den Text auf der linken Seite.

© Winklers Verlag · Gebrüder Grimm · 6100 Darmstadt

Haftung bei den wichtigsten Unternehmungsformen

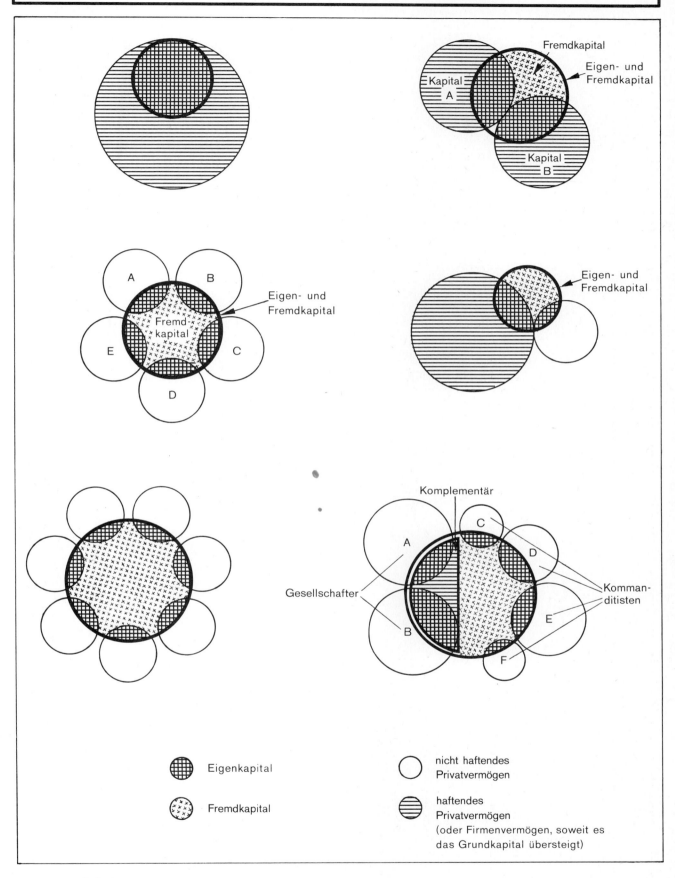

Aufgabe:
Tragen Sie ein, welche dieser Darstellungen welchen Gesellschaftsformen entspricht!

Übersicht über die Unternehmungsformen I

		Einzelunternehmung	Stille Gesellschaft	OHG	KG
Gründung	Mindest-Anzahl der Gründer				
	Form				
	Beginn der Gesellschaft				
Firma					
Anmeldung zum Handelsregister					
Beteiligung am Kapital					
Haftung					
Gewinnbeteiligung					
Verlustbeteiligung					
Leitung der Unternehmung	Geschäftsführung				
	Vertretung				
Überwachendes Organ					
Beschließendes Organ					
Kündigung eines Gesellschafters					
Auflösungsgrund					
Beteiligung am Auflösungserlös					
Gesetzliche Regelung					

Schickedanz-Gruppe[1]

(Gesamtumsatz im Handels- und Industriebereich 1988/89: 11,9 Mrd. DM)

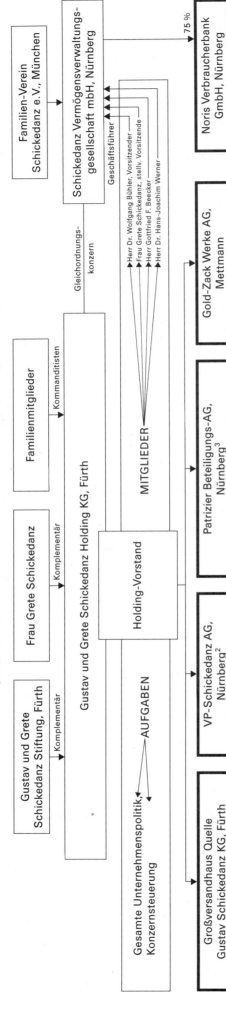

Zweigniederlassungen:
- Noris Bank, Fürth mit rd. 60 Filialen und Zweigstellen
- Verbraucherbank, Hamburg mit rd. 15 Filialen

Beteiligungen (100 %):
- Noris Leasing GmbH, Nürnberg
- VB-Leasing GmbH, Hamburg
- Nürnberger Inkassogesellschaft mbH, Nürnberg

[1] Konzernaufbau: Stand November 1989, vereinfachte Darstellung. Irrtum vorbehalten.
[2] früher: Vereinigte Papierwerke Schickedanz & Co.
[3] früher: Patrizier-Bräu AG

23a

© Winklers Verlag · Gebrüder Grimm · 6100 Darmstadt

Übersicht über die Unternehmungsformen II

		AG	KGaA	GmbH	eG
Gründung	Mindest-Anzahl der Gründer				
	Form				
	Beginn der Gesellschaft				
Firma					
Anmeldung zum Handelsregister					
Beteiligung am Kapital					
Haftung					
Gewinnbeteiligung					
Verlustbeteiligung					
Leitung der Unternehmung	Geschäftsführung				
	Vertretung				
Überwachendes Organ					
Beschließendes Organ					
Kündigung eines Gesellschafters					
Auflösungsgrund					
Beteiligung am Auflösungserlös					
Gesetzliche Regelung					

Oetker-Gruppe[1]

| Konzernumsatz[2] 1988: 2,993 Mrd. DM | Beschäftigte im Konzern[2] 1988: 8344 | Konzernobergesellschaft: Dr. August Oetker (KG) |

Nahrungsmittel

Dr. August Oetker, Bielefeld
(Backpulver, Vanillinzucker, Puddingpulver, Desserts, Einmachprodukte, Müsli, Backmischungen u. a.)

Reese Gesellschaft Nährmittelfabrik, Hameln

Hanseatische Nahrungsmittelfabrik Bey & Co. KG, Hamburg

ETO Nahrungsmittelfabriken Richard Graebener KG, Ettlingen
(Suppen, Brüherzeugnisse, Würzen, Soßen u. a.; Fachsortimenter für Großverbraucher)
- Fleischer GmbH, Ettlingen
  (Vertrieb von Nahrungs- und Genußmitteln an Metzgereien)

DIBONA Markenvertrieb KG, Ettlingen
(Vertrieb der Marken ETO, Langnese-Honig, Ültje u. a.)

Dr. Oetker Tiefkühlkost GmbH, Bielefeld
mit den Produktionsbetrieben und Vertriebsgesellschaften
- Dr. Oetker Eiskrem GmbH, Ettlingen
- Dr. Oetker Tiefkühl-Backwaren GmbH, Wittlich

Schwarzwald-Konditorei Dr. August Oetker GmbH, Ettlingen

Hanseatische Hochseefischerei AG, Bielefeld
mit • Edelfisch Fischspezialitäten Handelsgesellschaft mbH, Düsseldorf und Frankfurt
- Lindenberg & Co. (Fisch- und Hummerhandel), Berlin
- Heinz Grünewald, Dortmund (Fischgroßhandlung)

Meyer & Beck Handels-KG, Berlin (60 %)
(Lebensmittelfilialbetrieb mit ca. 86 Filialen)
mit • Mönkeländer Fleischwarenfabrik GmbH & Co., Berlin

Douglas Holding AG, Hagen (15 %)
(Fachhandelsgruppe mit Parfümerien, Drogeriemärkten, Buchhandlungen, Fachgeschäfte für Südwaren, Schuhe/Sportartikel, Schmuck/Uhren sowie Damenoberbekleidung)

(Ausland)

Oetker International GmbH, Bielefeld
(betreut das Geschäft der ausländischen Schwesterfirmen, den Bereich Export-, Lizenz- und Joint-venture-Aktivitäten sowie das Geschäft mit den osteuropäischen Ländern)
Eigene Produktionsstätten und/oder Vertriebsgesellschaften bestehen in folgenden Ländern: Belgien, Niederlande, Luxemburg, Frankreich, Schweiz, Österreich, Italien, Dänemark, Kanada, Brasilien.

Bier, Erfrischungsgetränke

Binding-Brauerei AG, Frankfurt/Main (ca. 65 %)
mit Beteiligungen u. a. an
• MAB Mainzer Aktien-Bierbrauerei AG, Mainz
  mit – Bayerische Brauerei Schuck-Jaenisch AG, Kaiserslautern
       – Allgäuer Brauhaus AG, Kempten (> 50 %)
       – Bürgerliches Brauhaus Zum Habereckl GmbH, Mannheim
• Berliner Kindl Brauerei AG, Berlin (ca. 86 %)
• Brauereigesellschaft vorm. Meyer & Söhne AG, Riegel (51 %)
• Erbacher Brauhaus Jacob Wörner & Söhne KG, Erbach
• Selters Mineralquelle Augusta Victoria GmbH, Löhnberg/Lahn

Andreas Brauerei KG, Hagen-Haspe

Dortmunder Actien-Brauerei AG (DAB), Dortmund (35 %)
mit Beteiligungen u. a. an
• Hansa GbR, Dortmund
• Dortmunder Hansa-Brauerei Vertriebs-GmbH, Dortmund
• Linden-Brauerei GmbH, Unna
• Brauerei Allersheim GmbH, Holzminden (37 %)
• Getränke Bräu KG, Arnsberg
• Westdeutsche Getränke-Industrie WEGI GmbH, Dortmund

Hotels u. ä.

Brenner's Park-Hotel, Baden-Baden

Schwarzwald-Klinik in Villa Stephanie GmbH, Baden-Baden

Le Bristol S. A., Paris

Grand Hôtel du Cap d'Antibes, Antibes/Frankreich

Parkhotel Vitznau AG, Vitznau/Schweiz

Banken, Versicherungen

Bankhaus Hermann Lampe KG, Bielefeld (70 %)
(Niederlassungen in Berlin, Bielefeld, Düsseldorf, Frankfurt, Hamburg und Münster)
mit • Lampebank International S. A., Luxembourg
• FTC Financial Trading & Consultancy Ltd., London (48 %) (Broker)
• BRV Beratungsgesellschaft für Finanz- und Versicherungsdienstleistungen mbH & Co. KG, Bielefeld

Frankfurter Bankgesellschaft gegründet 1899 AG, Frankfurt (> 70 %)
mit • BTF Beteiligungs- und Treuhandgesellschaft mbH
• IVL Investitions- und Vertriebsleasing GmbH

Dr. August Oetker Finanzierungs- und Beteiligungsgesellschaft mbH, Bielefeld

CONDOR Lebensversicherungs-AG, Hamburg

CONDOR Allgemeine Versicherungs-AG, Hamburg

CONDOR Transport- und Rückversicherungs-AG, Hamburg

Schiffahrt

Hamburg-Süd
Unternehmensgruppe mit Reedereien, Hafenbetrieben, Maklerfirmen und eigenen Agenturen im In- und Ausland. Dazu zählen (Auszug):
• Hamburg-Südamerikanische Dampfschiffahrtsgesellschaft Eggert & Amsinck KG, Hamburg
• Columbus Schiffahrts- und Befrachtungsgesellschaft Eggert & Amsinck KG, Hamburg
• CONTAINERSCHIFF-REEDEREI Gesellschaft mbH MS „Cap Polonio", Bielefeld
• CONTAINERSCHIFF-REEDEREI Gesellschaft mbH MS „Cap Trafalgar", Bielefeld
• Schiffahrtsgesellschaft Columbus Line GmbH, Hamburg
• NAUTITANK Schiffahrtsgesellschaft mbH, Hamburg
• Deutsche Levante Linie GmbH, Hamburg
• Atlas Levante Linie GmbH, Hamburg
• Deutsche Nah-Ost Linien GmbH & Co. KG, Hamburg
• Hanseatische Hafenbetriebsgesellschaft Eggert & Amsinck, Hamburg
Hamburg-Süd verfügte Ende 1988 über 20 eigene und 28 langfristig gecharterte Schiffe.

Chemie

Chemische Fabrik Budenheim Rudolf A. Oetker KG, Budenheim
mit • Deutsche Hyperphosphat GmbH, Budenheim
• AGRICHEMA Materialflußtechnik GmbH, Budenheim
• Hyperphos-Kali Düngemittel GmbH, Budenheim (50 %)
• Gallard-Schlesinger, New York (> 50 %) (Handelsunternehmen für Chemikalien im Bereich Lebensmittel, Pharmazie und Kosmetik)

Import, Export, Transithandel, Speditionen

ORIMEX Handelsgesellschaft mbH, Hamburg

Gilbert J. McCaul & Co. GmbH, Hamburg

Gilbert J. McCaul (Overseas) Ltd., London (GB)

Handelsgesellschaft Sparrenberg Bielefeld

Oetker Außenhandelsgesellschaft mbH, Bielefeld

Bauunternehmen

Baugesellschaft Vorwärts Rudolf A. Oetker, Bielefeld

Baugesellschaft Sparrenberg Rudolf A. Oetker, Bielefeld

Sonstige

OMNIA Werbegesellschaft mbH, Berlin

Ceres-Verlag Rudolf August Oetker KG, Bielefeld
(Back-, Koch- und Warenkundebücher)

GWP Gesellschaft mbH für Weiterbildung und Projektmanagement, Bielefeld

Freiherr von Maltzan Immobilienverwaltungsgesellschaft KG, Bielefeld

---

1 Zum Teil stark vereinfachte Darstellung, Konzernaufbau: Stand Nov. 1989. Die aufgeführten Unternehmen gehören in der Regel zu 100 % der Konzernobergesellschaft, in Einzelfällen Mitgliedern der Familie Rudolf August Oetker oder beiden Gesellschaftergruppen. Ausnahmen davon sind – soweit bekannt – angegeben. Irrtum vorbehalten.

2 Im Konzernabschluß sind die Banken- und Versicherungsgruppe, die Brauereigruppe (mit Ausnahme der Allgäuer Brauhaus AG und der Andreas Brauerei), die Douglas Holding AG sowie die ausländischen Unternehmungen (Auslandsbeteiligungen) nicht enthalten.

Das Berufsausbildungsverhältnis I
Gesetzliche Grundlagen: Berufsbildungsgesetz, Jugendarbeitsschutzgesetz u.ä.

A — Berufsausbildungsvertrag (§§ 2 – 5, 33 BBiG)

1. Vertragspartner: _____

   – bei Minderjährigen: _____

2. Besonderheiten: _____
   (Form, Registrierung)
   _____
   _____
   _____

B — Pflichten und Rechte des Auszubildenden (§§ 6 – 12 BBiG)

Pflichten	Recht auf ...

C — Ausbildungszeit (§§ 13, 14, 25, 29 BBiG)

1. Dauer: _____
2. Probezeit: _____
3. Beendigung: _____
   _____
   _____

Das Berufsausbildungsverhältnis II

| D | Vorzeitige Beendigung = |

Ausnahme: Aufhebung des Vertrags im gegenseitigen Einvernehmen

	in der Probezeit	nach Ablauf der Probezeit	
Kündigungsgrund			
Wer kann kündigen?			
Kündigungsfrist			
Form			
Ist die Angabe des Kündigungsgrunds erforderlich?			

| E | Weiterbeschäftigung im Anschluß an das Berufsausbildungsverhältnis (§§ 5, 17 BBiG) |

Ein Arbeitsverhältnis auf unbestimmte Zeit schließt sich an das Berufsausbildungsverhältnis an, wenn

Innen- und Außenverhältnis bei der Prokura (§§ 48–50 HGB)

Der Umfang der Prokura kann im Arbeitsvertrag _____

(= im _____)

Die Prokura ist Dritten gegenüber _____

(= im _____)

Ausnahmen: _____

Rechtsgeschäfte und Rechtshandlungen des Prokuristen sind – unter Beachtung der vorstehend genannten Ausnahmen und der dem Prokuristen gesetzlich (!) verbotenen Handlungen –

Mögliche Folgen für den Prokuristen, falls dieser seine Befugnisse überschreitet:
- _____
- _____
- _____

Unternehmer U.
(= Arbeitgeber des P.)

Vereinbarung im Arbeitsvertrag:
Prokurist P. darf
1. keine Wechsel akzeptieren
2. keine Darlehen aufnehmen
3. _____

Prokurist P.

_____ verhältnis

_____ verhältnis

P. akzeptiert einen vom Lieferer A. auf Unternehmer U. gezogenen Wechsel

P. nimmt für die Unternehmung U. ein Darlehen über 100.000,– DM auf

Lieferer A

Bank

_____

Geschäftspartner des Prokuristen = _____ verhältnis

Die Mitarbeiter des Kaufmanns

	Auszubildender (kfm. Lehrling)	Handlungsgehilfe	Handlungsbevollmächtigter	Handelsreisender	Prokurist
Begriff					
Gesetzliche Regelung					
Pflichten					
Rechte					
Besonderheiten					

Kaufmännische Hilfsgewerbe

	Gesetzliche Regelung	wesentliche Merkmale	Tätigwerden	Pflichten	Rechte
Handelsvertreter					
Handelsmakler					
Kommissionär					
Lagerhalter					
Spediteur					
Frachtführer					

Die deutschen Gewerkschaften

Vorläufer: 1. Gesellenverbände (ab 15. Jahrhundert, 1731 verboten durch Reichszunftordnung)
2. Arbeitervereine (ab 1845, aufgelöst 1854 durch ein in den sechziger Jahren wieder aufgehobenes Koalitionsverbot)
3. Reichsorganisation der Tabakarbeiter (1865) und Buchdrucker (1866)

(1868) Hirsch-Dunckersche Gewerkvereine
(freiheitlich-nationale Gewerkschaften)
→ liberale Parteien[1]

(1869) Freie Gewerkschaften
(„Arbeiterschaften")
sozialistisch ausgerichtet
→ SPD[1]

Christliche Gewerkschaften (ab 1894)
→ Zentrum[1]

durch Sozialistengesetz von 1878-1890 verboten

DEUTSCHE ARBEITSFRONT
von 1933-1945 (Streikverbot!)

nach 1945

(rd. 600 000 Mitglieder)[2]
Diese Gewerkschaft versteht sich als Einheitsorganisation der Angestellten; sie ist in 8 Berufsgruppen untergliedert:

1. Kaufmännische Angestellte
2. Bank- und Sparkassen-Angestellte
3. Versicherungsangestellte
4. Ang. im Öffentlichen Dienst
5. Techn. Angestellte und Beamte
6. Meister
7. Schiffahrt
8. Bergbauangestellte

(rd. 1,1 Mio. Mitglieder)[2]
Spitzenorganisation der auf berufsständischer Basis gebildeten Vereinigungen von Beamten, Beamtenanwärtern und Ruhestandsbeamten. Mitglieder sind z. B. Beamte der inneren Verwaltung, der Bundesbahn und Bundespost, der Zoll- und Finanzbehörden sowie Lehrer.

(rd. 11, 8 Mio. Mitglieder)[2]
Dachorganisation für 16 selbständige Einzelgewerkschaften, gegliedert nach dem Industrieverbandsprinzip. Mitglieder sind Arbeiter, Angestellte und Beamte.

(rd. 300 000 Mitglieder)[2]
Spitzenorganisation der christlichen Gewerkschaften = Dachverband für 14 selbständige Gewerkschaften, in denen Arbeiter, Angestellte und Beamte nach dem Berufsverbandsprinzip organisiert sind.

Bedeutende Einzelgewerkschaften sind z. B.
● Christlicher Metallarbeiter-Verband (CMV)
● Deutscher Handels- und Industrieangestellten-Verband (DHV)
● Verband der weiblichen Angestellten e.V. (VWA)
● Gewerkschaft Öffentlicher Dienst (GÖD)

1. IG Metall
2. Gewerkschaft Öffentl. Dienste, Transport u. Verkehr (ÖTV)
3. _____
4. _____
5. _____
6. _____
7. _____
8. _____
9. _____
10. _____
11. _____
12. _____
13. _____
14. _____
15. _____
16. _____
17. _____

1 Hinweis auf politische Orientierung;   2 Ende 1991

© Winklers Verlag · Gebrüder Grimm · 6100 Darmstadt

Tarifvertrag - Betriebsvereinbarung - Einzelarbeitsvertrag

MASCHINENFABRIK X — Einzelarbeitsverträge A, B, C — Betriebsvereinbarung

MASCHINENFABRIK Y — Einzelarbeitsverträge D, E, F — Betriebsvereinbarung

TARIFVERTRAG

§§§§§§§ Arbeitsrechtliche Gesetze, z. B. §§§§§§§

1. Tarifvertrag

Begriff (§§ 1 und 2 TVG): Der TV ist ein _____ Vertrag zwischen _____

a) zur Regelung von Rechten und Pflichten der Tarifvertragsparteien, wie z. B. _____ und

b) zur Festsetzung von arbeitsrechtlichen Normen, wie z. B. _____

2. Betriebsvereinbarung

a) Begriff (§ 77 BVG): Die B. ist ein _____ Vertrag zwischen _____ über betriebliche Angelegenheiten, für die keine bzw. eine für den Arbeitnehmer ungünstigere gesetzliche oder tarifliche Regelung besteht. Soweit Arbeitsentgelte und sonstige Arbeitsbedingungen üblicherweise durch TV geregelt werden, sind B. nicht zulässig, es sei denn, daß ein TV den Abschluß ergänzender Betriebsvereinbarungen ausdrücklich zuläßt.

Die Bestimmungen einer B. können durch _____ zugunsten des Arbeitnehmers geändert werden.

b) Durch B. müssen geregelt werden (§ 87 BVG) (= Mitbestimmungsrechte des Betriebsrats in sozialen Angelegenheiten):

c) Durch B. können geregelt werden (§ 88 BVG):

Räumlicher, fachlicher und persönlicher Geltungsbereich eines Tarifvertrags

Räumlicher Geltungsbereich	Fachlicher Geltungsbereich
Ein TV gilt nur innerhalb eines bestimmten geographischen Bereichs: 1. für das gesamte Bundesgebiet = _____ 2. für ein oder mehrere Bundesländer = _____ 3. für einen oder mehrere Landesbezirke = _____ 4. für eine Firma oder einen Betrieb = _____ Beispiel IG Metall: zu 1. TV für die besonderen Arbeitsbedingungen der Montagearbeiter in der Eisen-, Metall- und Elektro-Industrie zu 2. Nordrhein-Westfalen zu 3. Regierungsbezirke Nordwürttemberg und Nordbaden zu 4. Volkswagen AG	Gewerkschaften und Arbeitgeberverbände sind in der Regel nach dem Industrieverbandsprinzip organisiert (vgl. Namen der 16 Einzelgewerkschaften des DGB!); sie wollen mit dem Abschluß eines Tarifvertrages nur die Betriebe eines bestimmten Wirtschaftszweiges erfassen. Nach dem Prinzip der Tarifeinheit soll dabei in einem Betrieb grundsätzlich nur <u>ein</u> Tarifvertrag gelten, deshalb auch: _____ Beispiel: Von einem TV der IG Metall werden grundsätzlich alle Betriebe der Eisen-, Metall- und Elektroindustrie erfaßt, also z.B. _____ _____ _____ _____ Von der Tarifwirkung können beispielsweise ausgenommen werden a) einzelne Firmen, b) Betriebe mit speziellem Tätigkeitsbereich, z. B. Betriebe des Zentralheizungsbaus.

Persönlicher Geltungsbereich

1. Die Tarifwirkung erstreckt sich - je nach Tarifvertragsart - auf sämtliche oder bestimmte Arbeitnehmer der unter den räumlichen und fachlichen Geltungsbereich fallenden Betriebe.

   Beispiele (IG Metall)
   a) Ein (bestimmter) Manteltarifvertrag für die Arbeiter der Metallindustrie gilt - persönlich - für alle gewerblichen Arbeiter (Arbeiterinnen) einschließlich der <u>Nichtmetallarbeiter</u>. Ausgenommen sind die nach dem Berufsbildungsgesetz Auszubildenden. –

   Dieser TV gilt also auch für in einem Betrieb der Metallindustrie beschäftigte

   _____

   _____

   _____

   b) Ein (bestimmter) Manteltarifvertrag für die Angestellten der Metallindustrie gilt - persönlich - für alle kfm. und techn. Angestellten (ausgenommen leitende Angestellte) und alle Meister.

2. Einen klagbaren Rechtsanspruch auf die tarifvertraglichen Bestimmungen hat grundsätzlich nur der Arbeitnehmer, der

   a) _____

   und

   b) _____

   _____

   _____

   _____

3. Tarifvertragliche Arbeitsbedingungen gelten aber in jedem Fall, wenn

   _____

   _____

Zeitlicher Geltungsbereich eines Tarifvertrags (IG Metall)

„Dieser Tarifvertrag tritt mit Wirkung vom 1. Oktober 19.. in Kraft und kann mit Monatsfrist zum Monatsende, erstmals zum 30. September 19.. gekündigt werden."

Arten der Tarifverträge nach Laufzeiten

Laufzeit ca. _____
Dieser TV enthält Vereinbarungen über

_____
_____
_____
_____
_____
_____
_____
_____
_____

Laufzeit ca. _____

Festsetzung der Löhne bzw. Gehälter für die einzelnen Tarifgruppen

Besondere Tarifverträge mit mehrjähriger Geltungsdauer

_____
_____
_____

bei Kündigung: Neue Tarifverhandlungen der Tarifpartner, vertreten durch Tarifkommissionen

Einigung   keine Einigung

Bildung einer

diese unterbreitet

oder

durch beide Tarifparteien   durch eine oder beide Tarifparteien

Große Tarifkommission der Gewerkschaft beantragt beim Hauptvorstand die Genehmigung zur Urabstimmung über Kampfmaßnahmen

Wenn a) mindestens 75% der gewerkschaftlich organisierten Arbeitnehmer für Kampfmaßnahmen sind
und b) Hauptvorstand der Gewerkschaft Kampfmaßnahmen bejaht, dann

und

Große Tarifkommission der Gewerkschaft empfiehlt den Arbeitnehmern die Annahme des neuen Verhandlungsergebnisses

Stimmen mindestens 25% der gewerkschaftlich organisierten Arbeitnehmer dem Verhandlungsergebnis zu, dann

und

30a

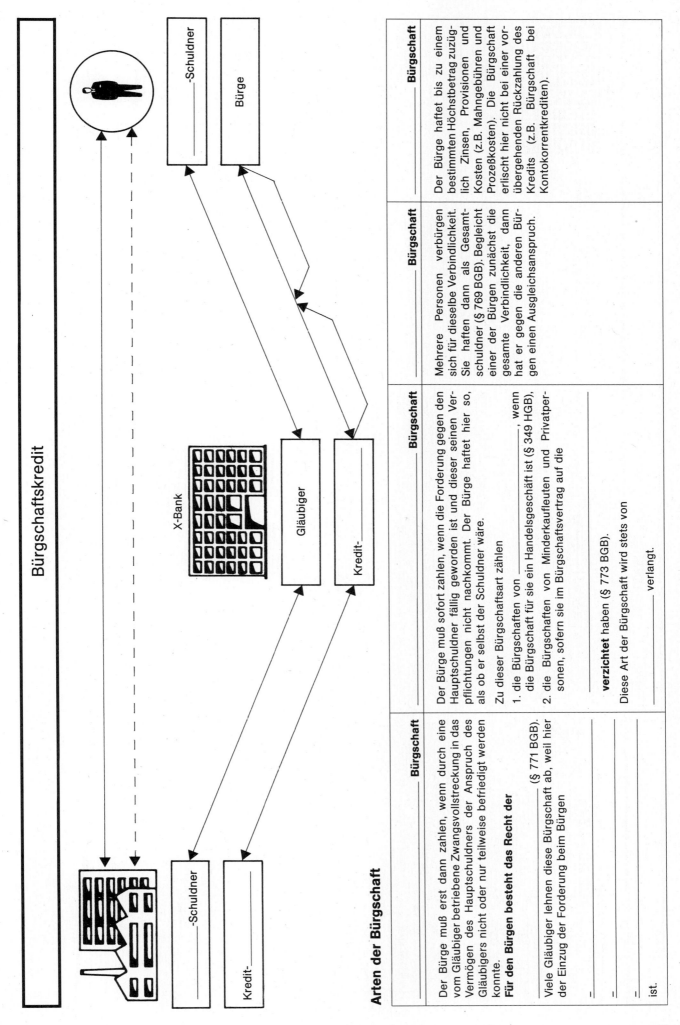

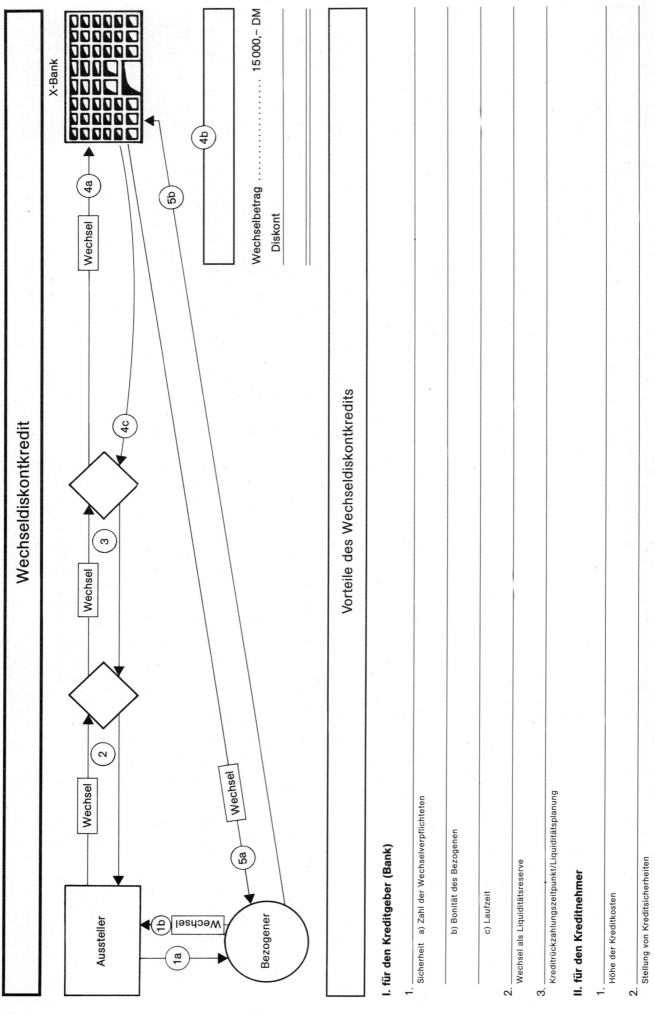

Zessionskredit (Zession = _____) (§§ 398 - 413 BGB)

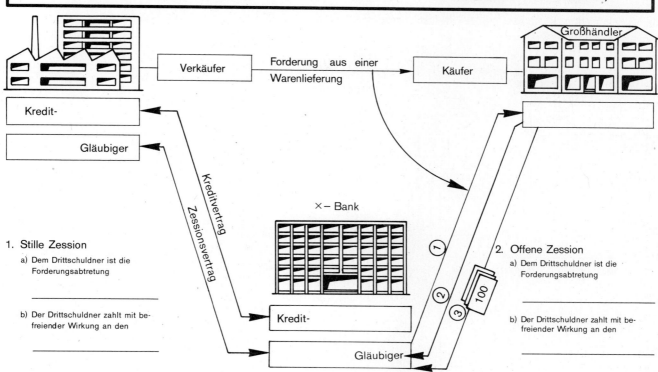

1. Stille Zession
   a) Dem Drittschuldner ist die Forderungsabtretung _____
   b) Der Drittschuldner zahlt mit befreiender Wirkung an den _____

2. Offene Zession
   a) Dem Drittschuldner ist die Forderungsabtretung _____
   b) Der Drittschuldner zahlt mit befreiender Wirkung an den _____

Weitere Arten der Zession:

3. _____-Zession: Viele Einzelforderungen in bestimmter Gesamthöhe werden auf periodisch zu erneuernden Listen zusammengefaßt und abgetreten

4. _____-Zession: Ganze Forderungsgruppen werden abgetreten (z. B. Kunden A-E)

Lombardkredit (§§ 1204 - 1296 BGB)

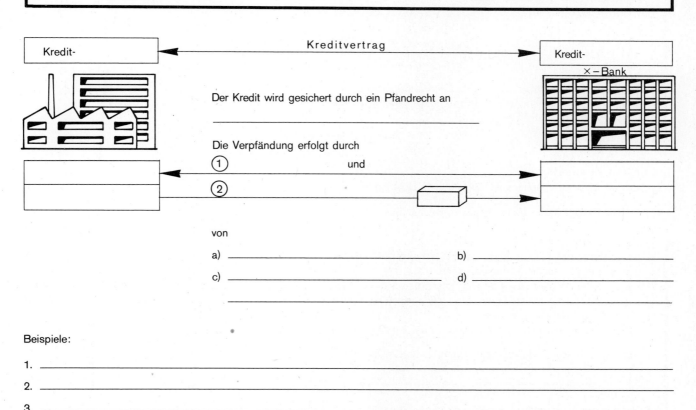

Der Kredit wird gesichert durch ein Pfandrecht an _____

Die Verpfändung erfolgt durch ① _____ und ② _____

von
a) _____   b) _____
c) _____   d) _____
_____

Beispiele:

1. _____
2. _____
3. _____

unter Beachtung der unterschiedlich hohen Beleihungssätze (50-90%)

Sicherungsübereignungskredit

(gesetzlich nicht geregelt, aber von der Rechtsprechung anerkannt unter Heranziehung der §§ 929, 930 BGB)

Kredit-		Kredit-
	Kreditvertrag	X-Bank
	+	
	Sicherungsübereignungsvertrag durch	
Sicherungs-	1. _____	Sicherungs-
	2. _____	

Kredit- _____

bleibt _____

von im Vertrag genau gekennzeichneten

_____

_____

_____

Kredit- _____

erhält zur Sicherheit

_____

_____

Vorteile

1. **Für den Kreditnehmer**
   a) Er kann mit den übereigneten Gegenständen, die für einen ungestörten Betriebsablauf meist unentbehrlich sind, _____

   b) Die Übereignung ist für Außenstehende, falls eine besondere Kennzeichnung oder Sonderlagerung unterbleibt, _____

2. **Für den Kreditgeber**
   a) Er kann die Gegenstände bei Eintritt der Bedingung (keine Kreditrückzahlung bei Fälligkeit) ohne Vollstreckungstitel schnell _____

   b) Geht der Kreditnehmer in Konkurs, so steht dem Kreditgeber zwar kein Aussonderungsrecht, aber ein _____

   c) Er braucht die Gegenstände nicht - wie beim Pfand - _____

Nachteile / Gefahren

1. **Für den Kreditnehmer**
   a) Er darf über die übereigneten Gegenstände nicht mehr _____

   b) Er muß sie auf seine Kosten gegen alle Gefahren _____

2. **Für den Kreditgeber**
   a) Die übereigneten Gegenstände sind möglicherweise bereits _____ und der erste Sicherungsnehmer macht inzwischen von seinem Recht Gebrauch.

   b) Auf den übereigneten Gegenständen ruht evtl. ein _____ eines Lieferanten. Ein gutgläubiger Eigentumserwerb des Kreditgebers ist dann meistens nicht möglich, solange die tatsächliche Übergabe noch nicht erfolgt ist.

   c) Die übereigneten Gegenstände können
   aa) entgegen den Vertragsbedingungen an gutgläubige Dritte _____

   bb) erlaubterweise verkauft, aber durch nichts Gleichwertiges _____

   cc) _____ ohne daß für diese Fälle ein ausreichender Versicherungsschutz besteht.

   d) Befinden sich die übereigneten Gegenstände in gemieteten Räumen, so geht das _____

Hypothek (§§ 1113 - 1190 BGB)

Hypothek (griech.) = _____
Definition: _____
_____

Kreditnehmer ←——— Kreditvertrag mit hypothekarischer Sicherung ———→ Kreditgeber

① _____
② _____   Haftung
und
z. B.: _____

Arten der Hypothek

nach der äußeren Gestaltung

| ____-Hypothek | ____-Hypothek |

§§ 1116 f
Der Hypothekengläubiger erwirbt die Hypothek durch
① Einigung
② Eintragung ins Grundbuch
③ Aushändigung des Hypothekenbriefes an den Gläubiger (Brief gegen Geld)

§ 873 BGB
Der Hypothekengläubiger erwirbt die Hypothek durch (§ 873 BGB)
① Einigung
② Eintragung ins Grundbuch
Die Erteilung eines Hypothekenbriefes ist durch entsprechende Eintragung im Grundbuch ausgeschlossen.

bezüglich des Nachweises der Forderung

| ____-Hypothek | ____-Hypothek |

§ 1138
Der Gläubiger kann sich zum Beweis seines Rechts auf die Eintragung berufen.
Im Streitfall trägt der Schuldner die Beweislast.

§§ 1184 ff
Der Gläubiger kann sich zum Beweis seines Rechts n i c h t auf die Eintragung berufen; er muß nachweisen, daß und in welcher Höhe ihm eine Forderung gegen den Schuldner zusteht. (Sonderform: Höchstbetragshypothek)

Wird der Kredit fristgemäß zurückgezahlt, ...

dann hat der Grundstückseigentümer das Recht, vom Gläubiger die Aushändigung des Hypothekenbriefes sowie einer Quittung über die Bezahlung zu verlangen (§ 1144). Der Grundstückseigentümer kann dann

① _____ oder
② _____ oder
③ _____

Die Hypothek m u ß gelöscht werden, wenn ein gleich- oder nachrangiger Gläubiger die Löschung – bei Altrechten aufgrund einer im Grundbuch eingetragenen Löschungsvormerkung, bei Eintragungen nach dem 1. Januar 1978 aufgrund eines gesetzlichen Löschungsanspruches – verlangt.

Wird der Kredit n i c h t fristgemäß zurückgezahlt, ...

dann klagt der Hypothekengläubiger _____
sofern sich der Schuldner nicht schon bei Bestellung der Hypothek _____

① _____ oder
② _____

Aus dem Erlös bzw. den Erträgnissen deckt der Hypothekengläubiger seine Kapital- und Zinsforderung.

© Winklers Verlag · Gebrüder Grimm · 6100 Darmstadt

Arten der Kreditsicherung

Art der Kreditsicherung		Wesentliche Merkmale	Gesetzliche Regelung	Anwendungsbeispiele
Personalkredit	Blankokredit			
	Bürgschaftskredit a) drittschuldnerisch (Ausfallbürgschaft) b) selbstschuldnerisch			
	Wechseldiskontkredit			
	Zession			
Realkredit	Verpfändung			
	Sicherungsübereignung			
	Eigentumsvorbehalt			
	Hypothek			
	Grundschuld			

Rechtsschutz der Erzeugnisse

	Patent PatG vom 16.12.1980 (Neufassung)	**Gebrauchsmuster** GebrMG vom 28.08.1986 (Neufassung)	**Geschmacksmuster** GeschmMG vom 11.01.1876 mit Änderungen bis zum 07.03.1990	**Warenzeichen** WZG vom 02.01.1968 (Neufassung)
Wesen, Geschütztes Recht	Rechtsschutz für die ausschließliche gewerbliche Verwertung von Erfindungen a) ———————— und b) die gegenüber dem bisherigen Stand der Technik eine erhebliche schöpferische Leistung darstellen.	Rechtsschutz für die alleinige gewerbliche Nachbildung und Verwertung von a) ———————— oder b) ————————, soweit durch eine neue Gestaltung, Anordnung oder Vorrichtung deren Arbeits- oder Gebrauchszweck gefördert wird. Erfindungshöhe meist kleiner als beim Patent, daher vielfach auch als "————————" bezeichnet.	Rechtsschutz für die alleinige gewerbliche Nachbildung und Verwertung ———————— ————————, soweit diese den Farben- und Formsinn des Menschen ansprechen.	Rechtlich geschütztes Kennzeichen, das ———————— ———————— dient. Es hat - auf Waren, Verpackung, Geschäftspapieren u. dgl. angebracht - ———————— die Aufgabe, ————————
Beispiele	- Reißverschluß - Skibindung Nicht: wissenschaftliche Theorien, ästhetische Formschöpfungen, EDV-Programme u. a.	-Gymnastikgeräte -Zigarrenpackung	Besondere Gestaltung von 1. ———————— Erzeugnissen, wie 2. ———————— Erzeugnissen, wie	Das Warenzeichen kann bestehen aus 1. Worten: PERSIL, 2. Buchstaben: AGFA, 3. Zahlen: 4711, 4. Bildern: Mercedes-Stern, 5. Wortbildern: Salamander,
Erwerb des Rechtsschutzes für die Bundesrepublik Deutschland beim				International: Int. Büro zum Schutz des gewerblichen Eigentums, Genf.
Eintrag in ...				
Kennzeichnung des Erzeugnisses mit (z.B.)				
Schutzdauer				
Verlängerung möglich?	(progressiv ansteigende Jahresgebühren)			
Besonderheiten beim Patent	1. Die Erlaubnis zur Benutzung eines Patents durch andere nennt man ———————— 2. Durch Einreichung einer einzigen Patentanmeldung beim Europäischen Patentamt in München kann der Erfinder (Anmelder) ein europäisches Patent für bis zu 14 europäische Staaten erlangen. Das europäische Patent verleiht seinem Inhaber in allen Staaten, die das Europäische Patentübereinkommen ratifiziert haben, dieselben Rechte wie ein nationales Patent.			

© Winklers Verlag · Gebrüder Grimm · 6100 Darmstadt

Konkurs

I. Antrag auf Eröffnung des Konkursverfahrens

beim

§§§§§§§§§§§§§§§

durch

_____ (§ 104 KO)   oder   _____ (§ 105 KO)

mit Einreichung eines

a) _____
b) _____ } Verzeichnisses
c) _____

unter Vorlage

a) _____ und/oder
b) _____
   _____

als Beweis für die Zahlungsunfähigkeit des Gemeinschuldners

Das Konkursgericht prüft den Antrag und beschließt über

_____ oder _____ (§ 107 KO)

II. Abwicklung des Konkursverfahrens

Maßnahmen des Gerichts

1. Veröffentlichung des Eröffnungsbeschlusses im Amtsblatt und im Bundesanzeiger (§ 111 KO); der Eröffnungsbeschluß enthält u. a. (vgl. §§ 108, 110 KO)

   a) die Ernennung eines vorläufigen Konkursverwalters (§ 78 KO)
   b) den „offenen Arrest" (§ 118 KO)
   c) 4 Termine
      1. Tag und Stunde der Konkurseröffnung
      2. Tag der 1. Gläubigerversammlung. Die Gläubiger beschließen hier nach einer allgemeinen Information durch den Konkursverwalter (§ 131 KO)

      _____
      _____

      3. Tag, bis zu dem die Gläubiger ihre Forderungen anmelden und Ansprüche auf abgesonderte Befriedigung geltend machen müssen;
      4. Tag der 2. Gläubigerversammlung; Prüfungstermin für die angemeldeten Forderungen.

2. Eintragung des Eröffnungsbeschlusses ins Handelsregister und ggf. Grundbuch (§ 113 KO)

Maßnahmen des Konkursverwalters (§§ 6, 117 ff. KO)

© Winklers Verlag · Gebrüder Grimm · 6100 Darmstadt

III. Verteilung der Konkursmasse

Besitz und Vermögen des Schuldners

- Fremdes Eigentum
- Hypotheken usw.
- Konkursmasse
- Überschuldung nicht gedeckt

Forderungen an Besitz u. Vermögen des Schuldners

- Aussonderung
- Absonderung
- Masseschulden
- Massekosten
- Bevorrechtigte Forderungen
  1. Löhne und Gehälter, soweit die Ansprüche länger als 6 Mon. zurückliegen
  2. Steuern u. Abgaben
  3. Forderungen von Kirchen u. Schulen
  4. Forderungen der Ärzte u. Apotheker
  5. Forderungen der Kinder und Mündel
- Gewöhnliche Forderungen

Beispiel:

Aufgabe

Tragen Sie in das rechts oben stehende Schema ein, wie sich im folgenden Beispielfall die Besitz- und Vermögenswerte verteilen in fremdes Eigentum und Konkursmasse bei Besitz und Vermögen, und wie die Forderungen aufzuteilen sind in Teile, die ausgesondert und abgesondert werden, die zu den Massekosten, den Masseschulden und den bevorrechtigten Forderungen sowie zu den gewöhnlichen Forderungen gehören.

Teilen Sie das vorgezeichnete Feld maßstabgetreu auf (10.000,–– DM = 1 cm)!

Gesamtbesitz: DM 90.000,––, darin enthalten gemietete Maschinen im Wert von DM 10.000,––.

Forderungen: DM 15.000,–– Bankschulden, durch Hypotheken gesichert.

An Löhnen und anderen Kosten werden während der Abwicklung DM 10.000,–– anfallen.

Löhne in Höhe von 6.000,–– DM für die letzten zwei Monate vor Eröffnung des Konkursverfahrens wurden noch nicht ausbezahlt.

Die Gerichtskosten und sonstigen Kosten für die Abwicklung des Verfahrens, einschl. Unterstützung des Gemeinschuldners, betragen DM 10.000,––.

Ferner sind noch folgende bevorrechtigten Forderungen zu erfüllen: Steuern DM 4.000,––, Einlagen der Kinder aus Erbteilen DM 20.000,––.

Die Forderungen der weiteren Schuldner betragen DM 120.000,––.

IV. Beendigung des Konkursverfahrens

durch

_____ des Verfahrens

1. nach Abnahme der _____

oder

2. nach Zustandekommen _____

_____ des Verfahrens

1. von Amts wegen _____

oder

2. auf Antrag des Schuldners, _____

Liquidation, Konkurs, Vergleich

	Grund	zuständiges Gericht	wesentliche Merkmale	Quote	Wer muß zustimmen?	Schicksal der Restschulden	Schicksal der Unternehmung	Besondere Bemerkungen
Liquidation								
Konkurs								
freiwilliger Vergleich (Akkord)								
gerichtlicher Vergleich								
Zwangsvergleich								

© Winklers Verlag · Gebrüder Grimm · 6100 Darmstadt

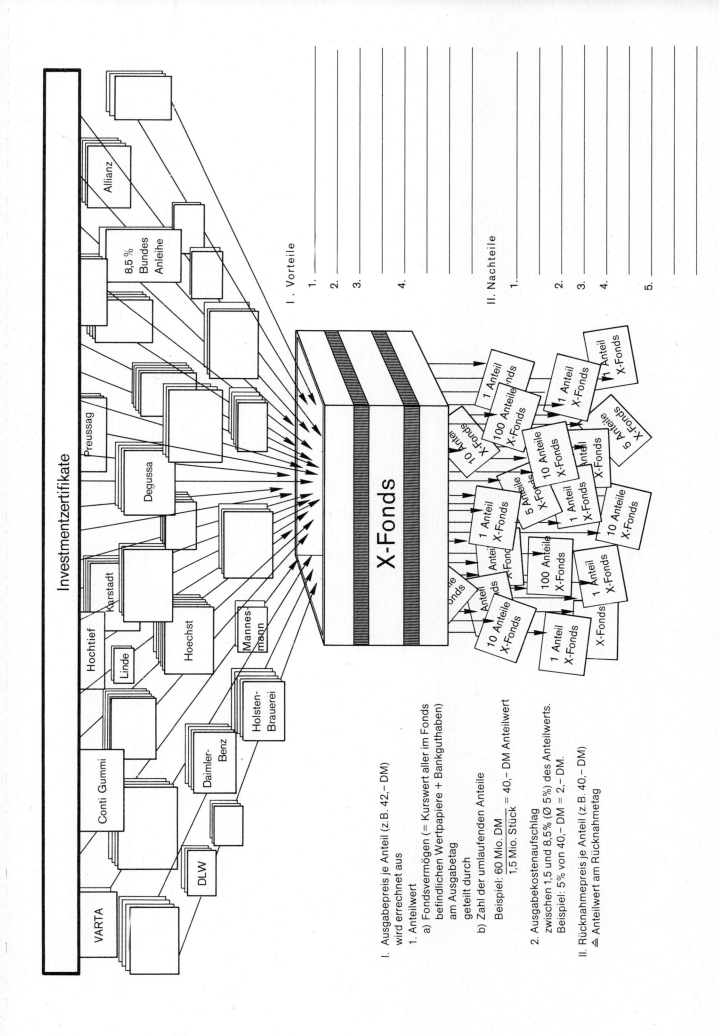

Steuern

	Steuerempfänger			
Steuerart	Bund	Länder	Gemeinden	Kirchen
Personensteuern (Besitzsteuern)				
Realsteuern (Besitzsteuern)				
Verkehrsteuern				
Verbrauchsteuern				
Zölle				

1. Fragen mit Auswahlantworten I

(Es kann auch mehr als eine Antwort richtig sein)

1. Welche Aufgaben hat die Kostenrechnung?

    Unterlagen für die Nachkalkulation zu liefern ☐

    die Kostenstellen zu überwachen ☐

    den Reingewinn zu ermitteln ☐

    die Verkaufspreise festzulegen ☐

2. Bei welchen Verkehrsarten können Sie mit dem Ladeschein nachträglich (vor Auslieferung an den Empfänger) über Waren verfügen?

    Eisenbahngüterverkehr ☐

    Seeschiffahrt ☐

    Binnenschiffahrt ☐

    LKW-Güterverkehr ☐

3. In welchen Punkten unterscheidet sich der Handelsvertreter in jedem Falle vom Handlungsreisenden?

    Provisionshöhe ☐

    Kündigungsfrist ☐

    Haftung ☐

    vorgeschriebener Reiseweg ☐

    Entschädigung bei Kündigung ☐

4. Welche der folgenden Abzüge vom Arbeitsentgelt sind nicht gesetzlich vorgeschrieben?

    Rentenversicherung ☐

    betriebliche Altersversorgung ☐

    Lohnsteuer ☐

    Kirchensteuer ☐

    Krankenkasse ☐

    Arbeitslosenversicherung ☐

    Gewerkschaftsbeitrag ☐

5. Ein Betrieb bestellt Rohmaterial. Nach eingehendem Angebotsvergleich gleichwertigen Materials wird der Lieferer mit dem höchsten Bruttopreis gewählt. Wann ist diese Entscheidung richtig?

    Wenn das Material dieses Lieferers die Anforderungen am besten erfüllt ☐

    Wenn dieser Lieferer durch den höchsten Rabatt den niedrigsten Nettopreis erreicht ☐

    Wenn das Material besonders schön verpackt ist ☐

    Wenn das Angebot unter Berücksichtigung von Rabatten, Lieferzeiten, Nebenkosten und Mengenbedarf den niedrigsten Einstandspreis gewährleistet ☐

6. Wann erlischt ein Angebot?

    Wenn es mit Änderungen angenommen wird ☐

    Wenn die Ware nicht mehr verfügbar ist ☐

    Wenn das Warenlager einem Feuer zum Opfer fiel ☐

    Wenn es nicht rechtzeitig angenommen wird ☐

7. Welche Bedeutung hat der Erfüllungsort des Verkäufers? Ist es der Ort,

    an dem der Käufer zu zahlen hat? ☐

    an dem die Gefahr auf den Käufer übergeht? ☐

    an den die Ware zu liefern ist? ☐

    auf den er sich mit dem Verkäufer geeinigt hat? ☐

8. Welche der folgenden Begleitpapiere sind beim Güterfernverkehr (Werksverkehr) nicht erforderlich?

    Frachtbrief ☐

    Ladeliste ☐

    Fahrtenbuch ☐

    Fahrtenschreiber ☐

    Kraftfahrzeugschein ☐

    Kraftfahrzeugbrief ☐

    Genehmigungsurkunde ☐

9. Wie heißt das eigentliche Versandpapier in der Seeschiffahrt?

    Frachtbrief ☐

    Ladeschein ☐

    Konnossement ☐

    Lagerschein ☐

10. Wo erfolgt die Auflieferung von Stückgut im Flächenfrachtbereich?

    beim nächsten Bahnhof ☐

    durch Auflieferung bei einem bahnamtlichen Rollfuhrdienst ☐

    beim zuständigen Stückgutbahnhof ☐

    durch Abholung am Ort des Versenders ☐

11. Welche Nachteile hat das Telefonieren gegenüber dem Schreiben von Briefen?

    teurer ☐

    keine beweiskräftige Unterlage vorhanden ☐

    mögliche Übermittlungsfehler ☐

    keine Kontrollmöglichkeit ☐

1. Fragen mit Auswahlantworten II

12. Sie wollen eine Rechnung bezahlen, aber im Gegensatz zu Ihnen hat der Empfänger kein Postscheckkonto. Welchen Weg wählen Sie?

    Postanweisung ☐
    Postbarscheck ☐
    Zahlkarte ☐
    Postscheküberweisung ☐

13. Welche der nachstehend genannten Organisationen des Kreditgewerbes hat das größte Netz von Außenstellen?

    Sparkassen ☐
    private Banken ☐
    Postsparkasse ☐
    genossenschaftliche Banken (Volksbanken, Raiffeisenkassen) ☐

14. Welches Indossament auf einem Wechsel gibt Ihnen die größte Freizügigkeit?

    Rektaindossament ☐
    Namensindossament ☐
    Bürgschaftsindossament ☐
    Blankoindossament ☐

15. Wie kann ein Wechsel prolongiert werden?

    durch Änderung des Verfalltages auf dem Wechsel ☐
    durch Übereinkunft zwischen allen Betroffenen ☐
    durch schriftlichen Vertrag zwischen dem Aussteller und dem Bezogenen ☐
    durch Rückgabe des Wechsels gegen einen neuen Wechsel ☐

16. Worüber gibt das Handelsregister keine Auskunft?

    über die Namen der Gesellschafter ☐
    über die Verbindlichkeiten des Unternehmens ☐
    über die Vertretungsbefugnis ☐
    über die Höhe der Kapitaleinlagen der OHG-Gesellschafter ☐

17. Drei Personen wollen eine Firma gründen; das Kapital soll 2 Millionen DM betragen. Welche Rechtsform können Sie wählen?

    Aktiengesellschaft ☐
    GmbH ☐
    KG ☐
    Genossenschaft ☐
    BGB-Gesellschaft ☐
    OHG ☐
    KGaA ☐
    GmbH & Co. KG ☐

18. Welche Rechte stehen einem Kommanditisten kraft Gesetz zu?

    Gewinnanteil ☐
    Geschäftsführung ☐
    Vertretung ☐
    Einblick in die Bücher ☐
    Führung seines Namens im Firmennamen ☐
    Beteiligung am Auflösungserlös ☐

19. Wann erlischt gegenüber einem Dritten die Prokura?

    wenn das Erlöschen in das Handelsregister eingetragen ist ☐
    wenn er vom Erlöschen weiß ☐
    wenn er den Prokuristen zu Handlungen gegen das Geschäftsinteresse der von ihm vertretenen Firma veranlaßt ☐
    wenn das Erlöschen der Prokura in den Gesellschaftsblättern veröffentlicht ist ☐

20. Wodurch unterscheidet sich die Aktie immer von einer Schuldverschreibung?

    durch das Stimmrecht ☐
    durch die Höhe des Ertrages ☐
    durch die Beteiligung am Unternehmen ☐
    durch die Sicherung durch Vermögenswerte des Unternehmens ☐

2. 100 Fragen mit Freiwahlantworten I

Der Verkauf

1. Welche Einzelheiten soll ein ausführliches Angebot enthalten?
2. Welche Angaben müssen in einer Rechnung unbedingt enthalten sein?
3. Welche Rechte hat der Kunde nach dem HGB bei Lieferungsverzug?
4. In den Lieferungsbedingungen unseres Lieferanten ist unter anderem auch die Bedingung „ab Werk" enthalten:
   a) Was bedeutet diese Bedingung? (Welche Kosten müssen wir selbst tragen?)
   b) Nennen Sie Lieferungsbedingungen, die für uns günstiger sind!
5. Was heißt a) brutto für netto, b) cif Hamburg
   c) Erfüllungsort und Gerichtsstand für beide Teile Darmstadt?
6. Wodurch kann eine Störung des Kaufvertrages erfolgen?
7. Was versteht man unter
   a) Lieferungsverzug   d) Selbsthilfeverkauf
   b) Annahmeverzug   e) Notverkauf
   c) Gattungskauf   f) Minderung?
8. Wo ist der Erfüllungsort a) für die Lieferung und b) für die Zahlung, wenn darüber nichts vereinbart ist?
9. Welches ist der Unterschied zwischen Skonto und Rabatt?
10. Welche Rolle spielen Angebot, Bestellung und Auftragsbestätigung für das Zustandekommen des Kaufvertrages?
11. Wie unterscheiden sich Handelsspanne und Gewinn voneinander?
12. Geben Sie ein Beispiel aus Ihrer Branche für unlauteren Wettbewerb!
13. Welche Möglichkeiten hat ein Kaufmann, um sich über die Kreditwürdigkeit eines Kunden zu unterrichten?
14. Wer stellt für den Käufer die Rechnung aus bei Verkaufsabschlüssen
    a) des Kommissionärs?   b) des Handelsvertreters?

Die Unternehmung und Rechtsformen

15. Welche Rechtsformen der Unternehmung sind im Großhandel (im Einzelhandel, in der Versicherungswirtschaft) am meisten anzutreffen und warum?
16. Worüber gibt das Handelsregister Auskunft, und wo wird es geführt?
17. Welche gesetzlichen Bestimmungen sind bei der Eröffnung einer Unternehmung zu beachten? (Nennen Sie besonders die Anmeldestellen!)
18. Herr Ludwig Steinhauser ist Generalbevollmächtigter der Eisenwerke GmbH. Geben Sie Beispiele für die Geschäfte und Rechtshandlungen an, die er durchführen darf!
19. Erklären Sie in wenigen Worten, was die wirtschaftlichen Vorgänge Liquidation, Konkurs und Vergleich bedeuten!
20. Was ist der wesentliche Unterschied zwischen Großhandel und Einzelhandel?
21. Wie ist die Haftung der Gesellschafter bei
    a) der OHG,   b) der KG,   c) der GmbH
    durch Gesetz festgelegt?
22. In welchen Fällen erlischt die Prokura?
23. An welches Gericht können Sie sich wenden
    a) bei Streitigkeiten aus dem Arbeitsverhältnis;
    b) bei Streitigkeiten mit den Sozialversicherungsträgern?
    Wie heißen die Berufungs- und Revisionsinstanzen?
24. Kennzeichnen Sie den Unterschied zwischen Konkurs, Liquidation und Vergleich!
25. Ein Unternehmen führt den Namen „Müller & Co.". Um welche Unternehmensform könnte es sich hier handeln? (Begründung)
26. Nennen Sie die Organe der AG und ihre Aufgaben!
27. Bei welchen Unternehmungsformen ist ein Mindestkapital vorgeschrieben?
28. Welche wesentlichen Unterschiede bestehen zwischen OHG und KG (Geschäftsführung, Vertretung, Firmenname, Beteiligung am Gewinn und Verlust)?

Der Einkauf einschl. Kaufvertrag

29. Welche Möglichkeiten hat der Großhändler, um sich über neue Waren und Erzeugnisse zu informieren?
30. Was versteht man unter einer Mängelrüge?
31. a) Welche Rechte gewährt die Mängelrüge dem Käufer?
    b) Auf welchen Voraussetzungen beruhen diese Rechte?
    c) Welches von diesen Rechten würden Sie in Anspruch nehmen? (Begründung)
32. Wann verlangen Sie als Käufer auf Grund einer Mängelrüge
    a) Preisnachlaß,   b) Ersatzlieferung,   c) Wandlung?
33. Wir haben bei einer Firma Rohstoffe fix bestellt. Der Liefertermin ist überschritten. Welche Rechte haben wir?
    Was müßten Sie tun, wenn kein Fixgeschäft vorliegt?
34. Wann erlischt ein Angebot?
35. Was besagen folgende Vereinbarungen beim Kaufvertrag:
    a) Preis brutto für netto   c) Lieferung auf Abruf
    b) Lieferung ab Werk   d) Erfüllungsort und Gerichtsstand für beide Teile ist Frankfurt
36. Welche kaufmännischen Arbeiten verursacht eine Lieferrechnung vom Eingang bis zur zufriedenen Erledigung? Verfolgen Sie ihren Weg im einzelnen vom Posteingang bis zum Ablegen in der Altregistratur (im Archiv)!
37. Nennen Sie besondere Arten des Kaufs und ihre Merkmale!

Das Lager

38. Auf welche Weise stellt man die Umschlagsgeschwindigkeit und die durchschnittliche Lagerdauer der gelagerten Ware fest?
39. Welche Vor- und welche Nachteile hat ein großes (breites) Warensortiment?

Güter- und Warenverkehr

40. Nennen Sie mindestens drei Möglichkeiten zum Versand von Gütern, und geben Sie die dazu notwendigen Begleitpapiere an!
41. Bei Empfang eines Postpakets stellen Sie fest, daß die Verpackung zerrissen ist und vermutlich ein Teil des Inhalts fehlt. Was müssen Sie tun, um Ihre Firma vor Schaden zu bewahren?
42. Erklären Sie folgende Begriffe:
    a) Ladeschein (Binnenschiffahrt)   d) Ganz- oder Vollcharter
    b) Ladeschein (Seeschiffahrt)   e) Teilcharter
    c) Konnossement   f) Havarie
43. Wie können beim Versand von Gütern Kosten gespart werden?
44. Welche Verkehrsarten unterscheidet man beim Lastkraftwagen-Güterverkehr und welche Sonderbestimmungen gelten jeweils?
45. Welche Bedeutung haben die verschiedenen Versandpapiere bei der Schiffahrt und wie können sie verwendet werden?
46. Erläutern Sie die wichtigsten Bestimmungen im Luftfrachtverkehr!

Personalwesen

47. Sie sind im Personalbüro Ihrer Firma für die Gehaltsberechnung zuständig:
    a) Welche Abzüge haben Sie vom Gehalt eines Angestellten vorzunehmen?
    b) Welche Unterlagen brauchen Sie dazu?
48. Welche Papiere muß der Arbeitgeber einem Angestellten aushändigen, der seinen Arbeitsplatz aufgibt?
    Welche Eintragungen sind darin vorzunehmen?
49. Welche Aufgaben hat ein Handlungsreisender?
50. Der Auszubildende Wilhelm Neudecker (15 Jahre alt) möchte wissen, ob es vermutlich zulässig ist, daß er am 14. 6. von 13 bis 22 Uhr und am 15. 6. von 6 bis 14 Uhr, jeweils mit 30 Minuten Pause arbeitet. Beraten Sie ihn eingehend!
51. Was ist Akkord- und Zeitlohn, und wie werden die Löhne berechnet?
52. Welchen Gruppen von Arbeitnehmern genießen einen besonderen Kündigungsschutz?
53. Welche Lohnarten gibt es in der Industrie, und bei welchen Tätigkeiten werden sie angewandt?

2. 100 Fragen mit Freiwahlantworten II

Zahlungsverkehr und Geld

54. Was muß ein Kaufmann überlegen, wenn er beim Bezahlen einer Rechnung zwischen folgenden Bedingungen wählen kann:
 2 Monate Ziel oder sofort mit 2% Skonto?

55. Ein Großhändler erhält von einer ihm unbekannten Firma einen Auftrag über 4000,– DM, gewünschtes Zahlungsziel 3 Monate. Welche Möglichkeiten hat der Großhändler, um das Risiko eines Zahlungsausfalls weitgehend zu vermindern?

56. Ihr Kunde X. schuldet Ihnen seit drei Monaten einen Betrag von 2725,– DM. Trotz Mahnungen ist es Ihnen bisher nicht gelungen, den Betrag hereinzubekommen.
 a) Welche Maßnahmen können Sie nun treffen, um den seit längerer Zeit überfälligen Betrag einzutreiben?
 b) Welches Gericht ist für ein etwa notwendiges gerichtliches Vorgehen zuständig? (Örtliche und sachliche Zuständigkeit)
 c) Wie kann der Eintritt der Verjährung verhindert werden?
 d) Wodurch kann die Verjährung unterbrochen werden?

57. Welche Bedeutung hat die Sicherung einer Forderung durch Eigentumsvorbehalt?

58. Was muß der Großhändler beachten, wenn er einen Kundenkredit gewährt?

59. Welchen Inhalt hat eine Auskunft, und bei wem kann sie eingeholt werden?

60. Welche Möglichkeiten der Zahlung mit Bargeld sind Ihnen bekannt?

61. Welche Bedeutung hat das Wechselakzept für den Bezogenen?

62. Was versteht man unter
 a) Indossament c) Notifikation,
 b) Wechselprotest, d) Prolongation?

63. Worin besteht der Unterschied zwischen einem Girokonto und einem Kontokorrentkonto?

64. Welche Kosten verursacht ein in Anspruch genommener Bankkredit (Kontokorrentkredit) für den Kreditnehmer?

65. Wann bedienen Sie sich zur Bezahlung einer Schuld
 a) einer Postanweisung, c) einer Postscheckübweisung,
 b) einer Zahlkarte, d) eines Postschecks?

66. Was müssen Sie tun, wenn ein ausgefüllter Scheck verlorengeht?

67. Am 13. Mai stellen Sie abends fest, daß eine am 14. Mai fällige Zahlung noch nicht überwiesen wurde. Der Zahlungstermin muß unbedingt eingehalten werden. Welche Möglichkeiten haben Sie?

68. Wie kann der Inhaber eines Postscheckkontos den Postbarscheck verwenden?

69. Welche Folgen hat das Ausstellen ungedeckter Schecks?

70. Welche Voraussetzungen müssen erfüllt sein, um durch Banküberweisung zahlen zu können?

71. Welche Einzelposten gehören zur Rückrechnung eines protestierten Wechsels?

Finanzierung

72. Ein Unternehmen möchte sich zur Erweiterung seines Betriebes längerfristig Geld beschaffen.
 Welche Möglichkeiten bieten sich ihm hierzu?

73. Nennen Sie den Unterschied zwischen einer Kreditsicherung durch Faustpfand und durch Sicherungsübereignung!

74. Wodurch unterscheiden sich Investmentzertifikate von Aktien?

75. Erklären Sie kurz folgende Begriffe:
 a) Dreimonatsakzept b) Kontokorrentkonto c) Bürgschaft

76. Welche Sicherheiten können Sie als Unternehmer für einen Kredit bieten?

Organisation

77. Nach welchen Grundsätzen können Schriftstücke geordnet werden?

78. Erklären Sie die einzelnen Aufgaben der Datenverarbeitung!

79. Ihr Betrieb hat 50 Beschäftigte. Der Einsatz einer eigenen Datenverarbeitungsanlage ist deshalb nicht möglich. Wie können Sie sich trotzdem der elektronischen Datenverarbeitung bedienen?

80. Was verstehen Sie unter
 a) Vordrucken, c) Schreibautomaten,
 b) Karteien, d) Umdruckverfahren?

81. Welche Einzelaufgaben hat die Arbeitsvorbereitung im Industriebetrieb?

Kostenrechnung

82. Erklären Sie folgende Ausdrücke
 a) Aufwand, c) Kosten, e) Ausgaben,
 b) Ertrag, d) Leistung, f) Einnahmen!

83. Wie werden im Industriebetrieb die Selbstkosten je Erzeugnis berechnet, und wie wird die Verkaufskalkulation aufgebaut?

Steuern

84. Der Staat erhebt Steuern und Gebühren. Worin besteht der Unterschied?

85. Wer bezahlt Lohnsteuer, wer Einkommensteuer und wer Körperschaftsteuer?

86. Wovon muß Umsatzsteuer bezahlt werden? Wie hoch ist sie, und und wie wird sie entrichtet?

87. Welche Steuern hat der Industriebetrieb im allgemeinen zu zahlen?

88. Erläutern Sie die Begriffe Einkommen, Betriebsausgaben und Werbungskosten!

Allgemeine Fragen, die mehrere Gebiete betreffen

89. Ein Konkurrenzgeschäft verkauft Waren gleicher Art und Güte billiger als Ihre Firma. Welche Gründe können hierfür maßgebend sein?

90. Erklären Sie folgende Ausdrücke:
 a) Postgut c) brutto für netto e) Obligation
 b) Handelsspanne d) Remittent f) Havarie

91. Erklären Sie folgende Ausdrücke:
 a) Akzept d) Konnossement
 b) Aktie e) Wechselprotest
 c) cif f) Liquidation

92. Welche Gesetze sind für den Kaufmann besonders wichtig?

93. Welche statistischen Darstellungsmittel gibt es? (Geben Sie Beispiele an!)

94. Welche Bedeutung haben Änderungen des Geldwertes?

95. Welche Gemeinsamkeiten und welche Unterschiede bestehen zwischen den Sozialversicherungen und den privaten Versicherungen?

96. Erläutern Sie die Bedeutung der Lohnbemessung für Betrieb und Arbeitnehmer!

97. Durch welche Gesetze und Einrichtungen werden in der Bundesrepublik Deutschland marktbeherrschende Unternehmen überwacht?

98. Zeigen Sie an Beispielen auf, in welchen Bereichen die freie Werbung im Interesse der Allgemeinheit eingeschränkt wurde!

99. Welche Beziehungen bestehen zwischen Betrieb und Staat in steuerlicher Hinsicht?

100. Wie können sich staatliche Entscheidungen auf den Einzelbetrieb auswirken?